DIALOGOS CON ECONOMISTAS EMINENTES

DIEGO PIZANO

*Friedrich A. Hayek, John Hicks,
Nicholas Kaldor, Leonid V. Kantorovich,
Joan Robinson, Paul A. Samuelson,
Jan Tinbergen*

Jorge Pinto Books Inc.
New York

Dialogos Con Economistas Eminentes; Friedrich A. Hayek, John Hicks, Nicholas Kaldor, Leonid V. Kantorovich, Joan Robinson, Paul A. Samuelson, Jan Tinbergen

© Diego Pizano

En su calidad de autor del texto, Diego Pizano ha registrado sus derechos correspondientes de acuerdo con lo que marca la Ley 1988 de Derechos de Autor, Diseño y Patentes.

Derechos de la edición © Jorge Pinto Books Inc. 2008.

Todos los derechos reservados. Quedan prohibidos la reproducción total o parcial de esta publicación, su almacenamiento bajo cualquier sistema que permita su posterior recuperación, y su transmisión por medios electrónicos, mecánicos u otros así como su fotocopiado o grabado sin previa autorización del editor, otorgada por escrito. Asimismo, de no mediar dicha autorización por parte de Jorge Pinto Books Inc. 151 East 58th Street, New York, NY 10022 USA, este volumen no puede ser prestado, revendido, cedido en alquiler ni enajenado comercialmente bajo ningún otro formato de encuadernación o portadas que difieran de aquel en la cual se encuentra publicado.

Primera edición 1980 Fondo de Cultura Económica. México DF.

Edición: Andrea Montejo.
Diseño de la portada: Susan Hildebrand

Composición tipográfica: Cox-King Multimedia, www.ckmm.com

ISBN: 0-9801147-6-4
978-0-9801147-6-8

NOTA BIOGRÁFICA DEL AUTOR

Diego Pizano nació en Bogotá, Colombia. Estudió economía en la Universidad de los Andes (Bogotá, Colombia) y de la Universidad de Cambridge (Inglaterra). Entre 1982 y 1986 fue consejero económico del Presidente de la República de Colombia. Ha sido consultor del BID, del Banco Mundial e investigador de Fedesarrollo (Centro de estudios en Bogotá) y del Institut für Iberoamerika-kunde en Hamburgo. Por más de 25 años fue asesor económico e internacional de la Federación Nacional de Cafeteros de Colombia y ha representado a su país en la Organización Internacional del Café (Londres). Fue Ministro Plenipotenciario de la Embajada de Colombia en Washington y ha sido profesor de cátedra y es miembro del Consejo Directivo de la Universidad de los Andes. Entre sus publicaciones están: *Grupo Andino: Objetivos, estrategia, mecanismos y avances* (con L.J. Garay), Bogotá, 1979. *Producción de café en Colombia* (con R. Junguito), Bogotá, 1991. *El Comercio exterior y la política internacional del café* (con R.Junguito), Bogotá, 1993. *Instituciones e instrumentos de la política cafetera en Colombia* (con R. Junguito), Bogotá, 1997. *La globalización: Desafíos y oportunidades*, Bogotá, 2002.

*Este libro está dedicado a Francisco Pizano de Brigard y
Nicolás Gómes Dávila (1913-1994), con agradecimientos
por su importante estímulo intelectual.*

ÍNDICE

NOTA BIOGRÁFICA DEL AUTOR........................i

Prefacio a la segunda edición............................ix
Prefacio a la primera edición............................xi

I. UN DIALOGO
   CON EL PROFESOR FRIEDRICH A. HAYEK.............. 1
II. UN DIALOGO
   CON EL PROFESOR JOHN R. HICKS.................. 27
III. UN DIALOGO
   CON EL PROFESOR NICHOLAS KALDOR............. 45
IV. UN DIALOGO
   CON EL PROFESOR LEONID V. KANTOROVICH........ 69
V. UN DIALOGO
   CON LA PROFESORA JOAN ROBINSON.............. 83
VI. UN DIALOGO
   CON EL PROFESOR PAUL A. SAMUELSON............ 109
VI. UN DIALOGO
   CON EL PROFESOR JAN TINBERGEN................ 129

PREFACIO A LA SEGUNDA EDICIÓN

Muchas personas en estos últimos 25 años me han preguntado como surgió la idea de este proyecto y como logré la colaboración de académicos tan destacados. Voy a intentar una breve respuesta. Entre 1972 y 1974 adelanté estudios de postgrado en la Universidad de Cambridge. En ese momento la disciplina de la economía pasaba por un momento particularmente difícil. La profesora Joan Robinson hablaba de la segunda crisis de la teoría económica[1]. El profesor John Hicks escribía sobre la crisis de la economía keynesiana[2]. El mundo se enfrentaba al fenómeno de la "estanflación" definido como la presencia simultánea del estancamiento y la inflación. Al mismo tiempo durante varios años algunos de los economistas más destacados de Cambridge (Inglaterra) habían estado involucrados en un duro debate con los más celebres economistas del MIT (Cambridge, Estados Unidos). En ese ambiente intelectual me pareció que sería útil dialogar con algunos de los economistas más influyentes sobre el estado actual y las perspectivas de nuestra disciplina.

En la Universidad de Cambridge tuve oportunidad de discutir sobre el pensamiento económico con los dos tutores que me fueron asignados, los profesores John Eatwell (hoy en día miembro de la Cámara de Los Lores y 'Master' del Queens College, Cambridge) y Donald Moggrigde (editor de las obras completas de Keynes). También conversé varias veces con el profesor Piero Sraffa y asistí al seminario sobre teoría del crecimiento del Profesor Nicholas Kaldor. Tuve además la oportunidad de conversar con la profesora Joan Robinson y asistí a varias de sus conferencias. Asistí también a conferencias de otros economistas sobresalientes como los profesores Kenneth Arrow y James Meade. Con Michael Kucynski, instructor de economía y Fellow del Pembroke College, tuve estimulantes conversaciones. Esta experiencia de postgrado fue fundamental para adelantar la preparación de este libro.

En Bogotá tuve el privilegio de discutir sobre una gran variedad de temas con Don Nicolás Gómez Dávila, uno de los grandes pensadores de América Latina (en Alemania e Italia varios profesores lo consideran tan importante como Borges y Ortega y Gasset) con

---

1   Joan Robinson, "The Second Crisis in Economic Theory," A.E.R., 1972.
2   John Hicks, *The Crisis in Keynesian Economics*, Oxford, 1974.

Francisco Pizano (mi padre, fundador de la Universidad de los Andes y quién trabajó con Le Corbusier en el plan de desarrollo de Bogotá) y con el profesor Mario Laserna (fundador de la Universidad de los Andes y quien tuvo el privilegio de discutir sobre filosofía y física con los profesores Albert Einstein y John Von Neumann). La orientación y el estímulo intelectual de estas personas fue de gran importancia para el suscrito.

En febrero de 1976, procedí a escribirle una carta al Profesor Paul Samuelson de MIT explicándole el proyecto e indicándole el tipo de temas que me gustaría discutir con él. Tuve la grata sorpresa que este distinguido profesor, considerado como uno de los más influyentes economistas del siglo XX, se interesó en la idea y aceptó tener un diálogo conmigo en su oficina en MIT en abril de 1976. Este apoyo inicial fue decisivo para el proyecto. Cuando contacté a los demás profesores para explicarles la idea, les comenté que el profesor Samuelson había aceptado participar y este factor naturalmente ayudó a persuadirlos. Para reforzar la presentación de la iniciativa, les envié un breve ensayo a cada uno de ellos examinando algunas de sus principales contribuciones y formulando una serie de preguntas y observaciones. De esta forma se dieron cuenta que yo llevaba un tiempo largo estudiando sus escritos y que se trataba de desarrollar un diálogo estructurado y no una conversación casual y superficial.

Para terminar debo decir que este ha sido uno de los proyectos más gratos e interesantes que he desarrollado a lo largo de mi vida. Entrar en contacto con estas mentes privilegiadas me permitió aprender mucho sobre la forma como pensaban algunos de los economistas más creativos del siglo XX y me aclaró diversos aspectos relacionados con la evolución de la disciplina. Espero que los nuevos lectores encuentren este libro igualmente estimulante.

Finalmente, deseo dejar constancia de mi agradecimiento con Don Jorge Pinto y con Andrea Montejo por la forma amable y profesional como avanzamos en la preparación de esta segunda edición.

Diego Pizano, Bogotá, abril de 2008

PREFACIO A LA PRIMERA EDICIÓN

El presente volumen recoge una serie de conversaciones realizadas con un grupo de economistas de nivel internacional encaminadas a aclarar un poco la evolución y el estado actual de la teoría económica contemporánea. Para cumplir con este objetivo, se procedió no solamente a discutir aspectos generales de la economía, sino también a considerar contribuciones específicas de cada uno de los académicos que colaboraron en el proyecto. Hay que aclarar que en un pequeño trabajo como el actual solamente fue posible hacer referencia a un conjunto reducido de ideas. Aun así, el tema resultó ser de una complejidad insospechada y por eso se optó por revivir una forma de expresión que ya no se cultiva mucho en el siglo XX: el diálogo.

El diálogo le comunica a las más abstrusas y áridas materias un grado de vida y de claridad que difícilmente se habría alcanzado si se hubiera decidido escribir un tratado dedicado al pensamiento económico actual. Es un ejercicio que fuerza a los participantes a circunscribirse a lo esencial y que hace ver más sencillos algunos problemas que a primera vista parecen ser incomprensibles. Esto aclara un poco la selección del método del trabajo. Pero, ¿qué se puede decir de su alcance y de su contenido?

El impulso esencial que motivó la realización de este trabajo fue el de haber caído en la cuenta de que existía una distancia creciente entre los desarrollos teóricos de la economía y su aplicabilidad práctica. Como dice en alguna parte el profesor Samuelson, se prepara a los economistas como si fueran atletas entrenados para una carrera en que nunca van a participar. Esta situación es obvia para cualquier persona que haya estudiado economía a nivel teórico y que le haya tocado estar en la posición de tener que formular recomendaciones de política económica. Pero resulta aún más evidente para quien haya podido apreciar el fenómeno inglés. Inglaterra ha producido una alta proporción de los economistas más célebres y, sin embargo, tiene el privilegio de operar con un sistema económico que muy poca gente en este mundo describiría como ideal. Esto es tan paradójico como si se diera el caso de una comunidad que tuviera los mejores médicos y al mismo tiempo la población más enferma.

Esta situación que hemos descrito lleva inevitablemente a los practicantes de una disciplina a meditar sobre su evolución, su método, sus problemas y sus perspectivas. Y como nos han enseñado los filósofos y los creadores del área de las matemáticas, para hablar de un área del conocimiento es necesario salirse de ella para poder mirarla desde diversos ángulos. Eso explica en parte la presencia de algunas referencias a la epistemología y a otros temas que no encajan dentro de la economía estrictamente técnica.

Algunos de mis colegas profesionales me han preguntado en un tono un poco escéptico por qué me refiero en algunas conversaciones a esos campos del conocimiento que aparentemente están tan alejados de la materia de la disciplina. En realidad, la respuesta tiene que ver mucho con la diferencia fundamental que separa a la economía de la física. Para llegar a ser un físico respetable es indispensable concentrarse en un campo bien delimitado y profundizar mucho en un aspecto específico de un problema determinado. Para llegar a ser un economista es también necesario formular adecuadamente un problema específico. Pero adicionalmente es necesario ubicarlo en su dimensión temporal, espacial, psicológica, filosófica, lógica, legal y ética. Y como es obvio, esta necesidad es una consecuencia clara del hecho de que el comportamiento humano es mucho más complejo que el comportamiento de la materia inerte. Tal vez, si los economistas estrictamente técnicos agregaran estas dimensiones a sus análisis, dejarían de ser atletas entrenados para una carrera que nunca se efectúa.

Para terminar, quisiera expresar mi agradecimiento a algunas personas que contribuyeron de una u otra forma a la realización de este trabajo. En primera instancia, hay que destacar la generosidad intelectual de los académicos que aceptaron interrumpir por un tiempo sus múltiples actividades y dedicar su atención a las inquietudes que les fueron planteadas (en varios casos se les presentaron algunas ideas escritas por anticipado). También quisiera mencionar que Nicolás Gómez Dávila, de Bogotá, me ayudó a comprender algunos problemas muy complicados del campo de la epistemología. El profesor A.O. Hirschman, del Instituto de Estudios Avanzados de Princeton, leyó todos los diálogos y me estimuló con sus comentarios. Finalmente, mi agradecimiento también a Carlos Caballero, Roberto Junguito y Jorge Ospina, antiguos investigadores de Fedesarrollo (Bogotá), que mostraron mucho entusiasmo por el proyecto desde sus comienzos.

Diego Pizano- Salazar, Bogotá, enero de 1980

I. UN DIALOGO CON EL PROFESOR FRIEDRICH A. HAYEK

En 1977 pasé una temporada en la Universidad de Oxford escribiendo un ensayo sobre la historia económica de Colombia. En esa oportunidad tuve oportunidad de conocer a los profesores Sir John Hicks, uno de los más importantes economistas británicos y a Sir Karl Popper (quién no estaba en Oxford pero vivía cerca en Buckinhamshire), uno de los más destacados filósofos del siglo XX. Cuando les expliqué mi proyecto sobre el pensamiento económico contemporáneo me sugirieron contactar al profesor Hayek. Yo había leído algunos de sus libros y me había llamado la atención la forma como integraba elementos derivados del derecho, la filosofía y la sicología a sus teorías económicas. A comienzos de 1979 fui invitado a trabajar como investigador visitante del Institut für Iberoamerikakunde de Hamburgo y desde allí le escribí a este distinguido académico una carta proponiéndole formar parte de esta iniciativa. A los pocos días me respondió aceptando y me invitó a dialogar en su residencia en la ciudad de Friburgo, Alemania. Lo visite en julio de 1979. Al entrar a su biblioteca privada el profesor me dio la bienvenida en forma muy amable y se sentó en un gran sillón. A su espalda pude observar dos óleos de dos de sus pensadores favoritos: David Hume y Adam Smith.

Friedrich A. Hayek (1899-1992) estudió en la Universidad de Viena, donde obtuvo tanto un doctorado en derecho como uno en ciencia política. Su padre se desempeñó como profesor de biología y uno de sus primos era el célebre filósofo Ludwig Wittgenstein. Después de algunos años de trabajar como funcionario del gobierno, fue nombrado director del Instituto Austriaco de Investigación Económica. En 1931 fue profesor de la Universidad de Londres y en 1950 se trasladó a Chicago como profesor de ciencias sociales y morales. Algunos años después fue nombrado profesor emérito de la Universidad de Friburgo, cargo que desempeñaba cuando lo visité. El doctor Hayek fue miembro de la Academia Británica y recibió el Premio Nobel de Economía en 1974. Publicó varios libros en las áreas de economía, filosofía, psicología y derecho (véase la bibliografía). Su influencia en los últimos 25 años del siglo XX fue notable. Diversos analistas han destacado que influyó en la caída del muro de Berlin, en el colapso de la Unión Soviética y en las políticas económicas de Reagan y Thatcher y de varios países de Europa Oriental.

Diego Pizano: La disciplina de la economía ha recibido, hasta cierto punto, el reconocimiento otorgado anteriormente sólo a las ciencias naturales con el establecimiento del Premio Nobel para esta área del conocimiento. A pesar de este hecho, muchos economistas profesionales, del más alto nivel teórico, han expresado su desilusión y descontento en relación con el progreso y el estado actual de la disciplina. Usted mismo afirma en la conferencia que dictó con motivo del Premio Nobel que los economistas tienen pocos motivos para estar orgullosos y que han generado mucha confusión. Quisiera comenzar esta discusión sometiendo a un poco de análisis el tema relacionado con el grado de importancia de la llamada "crisis" de la teoría económica. La pregunta central sería: ¿Estamos presenciando una verdadera crisis de la teoría económica y de la política económica a nivel mundial, o se trata más bien de una desconfianza temporal en la fuerza de la disciplina? Me voy a tomar la libertad de ofrecer una respuesta preliminar a este gran interrogante mediante la identificación de un conjunto de problemas que no han podido ser resueltos y que constituyen, en mi opinión, la esencia del descontento señalado. Considero que los académicos no han podido encontrar una solución satisfactoria a los siguientes problemas:

a) La aclaración de las causas que han conducido a la simultaneidad del fenómeno del estancamiento en el nivel de la actividad económica y el fenómeno de la inflación (conocido como stagflation). De acuerdo con el profesor Samuetson,[3] éste es uno de los mayores desafíos al cual están enfrentados los economistas contemporáneos. Las llamadas curvas de Phillips ya no son tomadas en serio en la mayoría de los países.

b) *Economías de escala.* De acuerdo con estudios realizados por la OCDE y otras entidades, el fenómeno de los costos decrecientes de producción es dominante en el sector industrial de la economía mundial (en particular siderurgia, petroquímica, automotriz y generación de electricidad). Sin embargo, ningún teórico ha sido capaz de incorporar las economías de escala en los modelos de equilibrio general, pues tienen un impacto destructivo.

---

3 Véase Diego Pizano, "Un diálogo con el profesor Samuelson" en este mismo libro.

c) *Distribución del ingreso.* De acuerdo con la opinión de académicos destacados como Joan Robinson, no existe en la actualidad una teoría que explique adecuadamente los determinantes de la distribución del ingreso, ya sea a nivel personal o funcional. Como es bien conocido, éste era precisamente el objetivo fundamental de la economía, según Ricardo.
d) *Incertidumbre.* El supuesto relacionado con la capacidad de los distintos agentes económicos de anticipar perfectamente el futuro (*perfect foresight*) es considerado como poco realista por muchos académicos, pero al mismo tiempo es muy difícil de relajar. Algunas personas afirman que Keynes logró hacerlo con la ayuda de su función de la preferencia por la liquidez, ¡pero este punto es controversia!.
e) *Determinantes del crecimiento económico.* Se han hecho avances importantes en el campo de la historia económica tales como los consignados en los trabajos del profesor Kuznets. Sin embargo, la explicación del llamado residuo deja mucho que desear y es todavía muy grande (¡Cincuenta por ciento en algunos ejercicios!).
f) Dentro del área de la teoría de la decisión y la selección colectiva (*collective choice*), el teorema de la imposibilidad de Arrow ha creado problemas difíciles, y no parecen existir soluciones a ellos en este momento.
g) *Oligopolio,* La mayoría de los teóricos están de acuerdo en señalar que no existe ninguna teoría individual del fenómeno del oligopolio, que explique la formación de los precios en sectores importantes de la economía mundial como la industria automotriz; o para poner un ejemplo aún más importante, no existe un modelo adecuado que nos permita simular el juego en el cual están envueltos las compañías multinacionales petroleras, los gobiernos de los países importadores y los países productores del crudo.
h) *Crisis de la economía keynesiana.* Éste es el título de un libro reciente de Sir John Hicks, como todos sabemos. No tengo que ampliar este punto, ya que usted ha sido uno de los principales críticos de Keynes desde los años treinta.

Es evidente que toda disciplina seria se enfrenta a una larga lista de problemas que no han podido ser resueltos. Aún más, me parece claro que la existencia de estos problemas constituyen la razón de ser de las distintas disciplinas. La cuestión importante en este contexto es determinar hasta qué punto la teoría económica está pasando por una de esas fases críticas que llevan, de acuerdo con Kuhn (*La estructura de las revoluciones científicas*), hacia un cambio de paradigma. ¿Cuál es su reacción a esta presentación introductoria?

Profesor Hayek: Todos los problemas que usted ha presentado están conectados y, por lo tanto, prefiero discutirlos desde una perspectiva general en vez de tratarlos individualmente. Permítame comenzar contestando su pregunta relacionada con la existencia de una crisis en la teoría económica.

Creo que la respuesta es que la economía se está recuperando ahora de un largo periodo de decadencia que fue causado por la transición que intentó hacer de la microeconomía a la macroeconomía. Keynes es claramente responsable por este cambio, aun cuando no se puede decir de ninguna manera que estuviera actuando solo. Pero contribuyó, tal vez sin intención, a la difusión del método de la agregación teórica (la esencia de la macroeconomía) más que cualquier otra persona. Estoy convencido de que solamente la microeconomía puede explicarnos algo a pesar de que, por la naturaleza de la economía, tiene límites en su poder explicativo. Y precisamente por estas limitaciones en su poder interpretativo, los economistas decidieron construir un nuevo sistema que pensaron que era más científico: la macroeconomía. Sin embargo, resultó que este esfuerzo está basado en hipótesis erróneas, y ha sido un fracaso total.

Debo confesar que en los últimos treinta años no me he interesado en los temas que han ocupado las mentes de la mayoría de los economistas: macroeconomía, la economía del bienestar, la teoría del empleo, el análisis insumo-producto, la teoría del crecimiento, etc. No he tomado parte en estas discusiones y no he hecho ninguna contribución a ellas. Por esta razón, mi prestigio como teórico ha disminuido en las últimas décadas. Pero muchos economistas se han dado cuenta de que su enfoque era equivocado, y están volviendo al mío.

Permítame ahora pasar a considerar lo que pienso que es el problema esencial de la teoría económica, que explicará también las causas de las limitaciones del poder explicativo de las hipótesis en esta área del conocimiento. La función básica de la teoría económica es en realidad explicar cómo es *posible adaptarse a lo desconocido*. Porque no hay ninguna duda de que los cambios constantes de la actividad económica son causados por gran número de eventos que nadie conoce como un todo. De tal manera que estamos constantemente actuando para adaptarnos a eventos que no conocemos, y utilizamos para este propósito condiciones sobre las cuales no tenemos información directa. Para ponerlo en una forma más concreta: nosotros trabajamos para satisfacer las necesidades de millones de personas sobre las cuales no sabemos nada, y para este fin utilizamos las capacidades de otro gran conjunto de personas que nos suministran las materias primas y los instrumentos requeridos para nuestra producción. Y sobre este último grupo de personas también sabemos muy poco o nada. Este proceso se ha vuelto posible mediante la evolución espontánea de un sistema de comunicaciones que a través de señales ofrece a los agentes económicos la posibilidad de adaptarse a eventos sobre los cuales conocemos muy poco o nada; y el sistema es el mercado y las señales son los precios.

Mi propia concepción de la economía está basada en la idea de que tenemos que explicar cómo es que los precios actúan como señales que le indican a la gente cómo debe comportarse en determinadas circunstancias. La solución a este problema ha sido obstaculizada por la teoría del valor trabajo y sus derivados, que asume que los precios están determinados exclusivamente por las condiciones técnicas de la producción. El problema importante es determinar cómo es posible que la interacción de un gran número de personas, cada una siendo dueña de un conjunto bastante limitado de información, pueda resultar en un orden que solamente podría ser alcanzado mediante la planeación deliberada por parte de un cerebro que tuviera a su disposición la información combinada de todos los individuos. Sin embargo, la respuesta no es la planeación central, ya que los técnicos no pueden tener en cuenta todos los datos derivados de circunstancias particulares tanto en el espacio como en el tiempo; y además muchas personas poseen información que no pueden trasmitir en forma estadística a los organismos encargados de la planeación. En un sistema en el cual la información está dispersa entre millones de agentes, los precios pueden actuar de tal manera que las acciones de muchos individuos separados resulten coordinadas.

En este contexto, no se puede aceptar como satisfactorio, desde un punto de vista intelectual, que se proceda a establecer relaciones de tipo causal entre agregados o promedios, como la macroeconomía ha intentado hacer. Los individuos no toman sus decisiones con base al conocimiento parcial de magnitudes tales como la cantidad total de producción o la oferta monetaria total. El intento de formular teorías a nivel agregado no ha llevado a ninguna parte.

Al mismo tiempo, existe una fuerte tendencia entre los economistas hacia el cientismo, es decir, hacia la adopción de una metodología que parece ser científica y que está basada en el supuesto de que es deseable remplazar procesos espontáneos por el control deliberado por parte de los seres humanos. Este equivocado punto de vista ha llevado a una caída drástica en el grado de importancia y relevancia de la teoría económica y explica la crisis que usted ha planteado.

D.P.: Tengo la impresión de que Keynes no aceptaba la tesis de que la economía podría desarrollarse como si fuera una ciencia natural. No solamente atacó el trabajo econométrico de Tinbergen, sino que en una carta escrita a Harrod (*Collected Works,* vol. XIV) afirma que la economía es una disciplina moral que se ocupa de temas tales como la introspección y las expectativas e incertidumbres psicológicas. También es interesante anotar que, a pesar de haber sido entrenado en el área de las matemáticas puras, rechazó la posibilidad de utilizar modelos de esa naturaleza por considerar que distorsionaban demasiado la realidad.

P.H.: Estoy de acuerdo con usted en el sentido de que el caso de Keynes resulta ser paradójico. Es claro que estaba consciente de las diferencias existentes entre las ciencias sociales y las ciencias naturales. Keynes era un hombre de gran capacidad intelectual, pero más bien poco conocedor de la teoría económica. Tuve la oportunidad de discutir varias veces con él, y me sorprendió darme cuenta de que tenía vacíos importantes en su formación como economista. No había leído en una forma cuidadosa los trabajos de David Ricardo, para poner un ejemplo.

La teoría que ha estado guiando la política monetaria y la política financiera en la mayoría de los países durante los últimos treinta años ha estado basada en la afirmación de que existe una simple correlación entre el nivel de empleo total y el tamaño de la demanda agregada por bienes y servicios. Esta creencia ha llevado a suponer en forma errónea que podemos garantizar el pleno empleo manteniendo el gasto total a un nivel apropiado. Esta doctrina, que fue inicialmente formulada por Keynes, ha causado muchos perjuicios y es en gran medida responsable de nuestros problemas económicos actuales.

D.P.: Es difícil creer, sin embargo, que si no se hubiera hecho nada después del colapso de la economía norteamericana en 1929, el pleno empleo de los factores de producción hubiera sido restablecido en forma automática por las fuerzas del mercado. Muchos académicos están convencidos de que las políticas de tipo keynesiano ayudaron al mundo occidental a salir de la Gran Depresión.

P.H.: Ningún economista que haya vivido durante la Gran Depresión, como es mí caso, puede subestimar la gravedad del problema del desempleo. No he negado que en algunos casos extremos, y principalmente por razones de tipo político, el nivel de empleo en una economía puede ser aumentado por medio de una expansión monetaria. Pero esto solamente puede hacerse por un periodo corto de tiempo, y uno debe estar consciente al hacerlo de que la situación se vuelve mucho peor en el largo plazo. El fenómeno actual del desempleo es la consecuencia directa e inevitable de las así llamadas políticas de pleno empleo de los últimos veinte años. La causa fundamental del desempleo es la desviación de los precios y de los salarios en relación a la situación que existiría si realmente estuviera operando un mercado libre y si tuviéramos una moneda estable. Hay que aclarar, sin embargo, que si usted me preguntara cuál es la estructura empírica de precios y salarios que llevaría al pleno empleo sin inflación en una economía determinada, no estaría en capacidad de darle esa información. Déjeme elaborar un poco este punto que es importante.

Como tuve oportunidad de anotar en la conferencia dictada con motivo del Premio Nobel, las limitaciones intrínsecas de nuestro conocimiento numérico han sido subestimadas por la mayoría de los economistas contemporáneos. Es interesante observar, sin embargo, que algunas personas como Luis Molina[4] anticiparon en una forma sorprendente en el siglo XVI uno de los principios más importantes de la economía moderna: los precios de bienes específicos dependen de tal número de circunstancias que su valor no puede ser conocido por el hombre sino solamente por Dios. Los economistas tienen que aceptar que ignoran muchos datos que sería normal que un físico conociera. Esta situación se debe al hecho de que tenemos que trabajar con estructuras complejas y con un número de variables en interacción que resulta ser mucho mayor del que tienen que manejar los físicos.

D.P.: Considero que la realidad social es más complicada que la realidad del mundo físico, no solamente porque uno tiene que trabajar con un mayor número de variables sino también porque se presenta

---
4   Luis Molina, *De iustítia* et *iure,* Colonia, 1595.

un mayor grado de inestabilidad en las relaciones funcionales, las variables son más heterogéneas y, además, resulta a veces muy difícil aislar una variable de las demás. En una conversación reciente con el profesor Karl Popper, en Buckinghamshire,[5] le formulé esa tesis, y me respondió: "No hay duda de que el análisis de cualquier situación social específica se hace muy difícil por su complejidad. Pero lo mismo es cierto de problemas físicos o biológicos. Los problemas asociados con el entendimiento del cerebro humano son de un grado de complejidad realmente sorprendente. Creo que nunca me he enfrentado a un problema tan complejo."

Me tomé la libertad de desafiar ese planteamiento afirmando que el mundo social incluye la interacción de los distintos agentes con el mundo físico, pero que no se puede decir lo contrario. Si uno quisiera tener un modelo completo del comportamiento de un oligopolista, por ejemplo, uno tendría que entender cómo funciona el cerebro humano. Él respondió que la tarea de integrar el conocimiento que tenemos sobre el cerebro y el conocimiento que tenemos sobre los oligopolistas parecía muy difícil y que no conocía a ningún economista que estuviera tratando de hacer esto.

P.H.: He derivado mi posición epistemológica y muchas de mis ideas filosóficas de los trabajos de Karl Popper, quien ha sido mi amigo durante muchos años. Pero déjeme decirle que en relación al grado de complejidad de los fenómenos sociales, él todavía no ha entendido mis ideas al respecto. Creo que la distinción que introdujo el doctor Weaver (quien trabajaba en la Fundación Rockefeller) no ha sido suficientemente valorada. Propuso que se distinguiera entre aquellos fenómenos caracterizados por ser complejos en forma desorganizada como los de la física y aquellos de complejidad organizada como los que tiene que manejar la economía. En física, y el ejemplo más claro viene de la termodinámica, uno tiene que trabajar con un grado de complejidad muy grande, pero en realidad se trata de un fenómeno desorganizado.

Tenemos muchos elementos individuales interactuando (moléculas), pero en vez de tener que averiguar información específica sobre cada elemento uno puede utilizar probabilidades. En otras palabras, la necesidad de información sobre el comportamiento de cada molécula puede remplazarse por probabilidades. Sin embargo, cuando nos enfrentamos a fenómenos caracterizados por un alto

---

5 Diego Pizano, "A dialogue with professor Popper", manuscrito inédito, 1977.

grado de complejidad organizada uno no puede utilizar las probabilidades, ya que todo depende de la forma como cada elemento esté relacionado con los demás. Por lo tanto, no tenemos la salida que la física todavía tiene, que, como ya mencioné, consiste en utilizar probabilidades de ocurrencia cuando no se dispone de información sobre eventos particulares. Y por esta razón es que hay que recurrir a la teoría de sistemas, a la cibernética o a la teoría de la comunicación como es llamada en las ciencias sociales. En este contexto uno tiene que mostrar cómo las estructuras complejas son construidas mediante la relación que existe entre sus elementos. En este sentido, tanto en biología como en las ciencias sociales la complejidad de los fenómenos establece límites a lo que podemos explicar. El cerebro humano nunca podrá explicarse a sí mismo, ya que para entender algo de tal grado de complejidad habría que poseer una estructura de un grado mayor de complejidad. Y, obviamente, no contamos con un supercerebro para entender nuestra propia mente.

D.P.: El profesor Popper también me señaló que se debe tener en cuenta que en muchas situaciones de tipo social existe un importante elemento de racionalidad, y esto simplifica, de acuerdo con él, la materia de las ciencias sociales, ya que hace posible la construcción de modelos simples de las acciones y las interacciones de los agentes en consideración.

P.H.: Yo diría que el supuesto de racionalidad implica que las mentes de los demás son similares a las nuestras. Por esta razón, uno puede entender los fenómenos hasta cierto punto. Pero esto no es entender en detalle. Nunca sabemos qué tipo de procesos están presentes en la mente de las personas en momentos particulares; en consecuencia, todo lo que podemos alcanzar a entender es la manifestación general de un proceso, pero no sus características particulares en un momento determinado. En efecto, nosotros tal vez podríamos sugerir el tipo de acciones que un oligopolista podría llevar a cabo en una situación específica pero no estamos en capacidad de predecir lo que va a hacer.

El comportamiento racional no es una premisa de la teoría económica, aun cuando normalmente se presenta como tal. El punto esencial que debe entenderse es que la competencia fuerza a la gente a actuar racionalmente si está dispuesta a mantener su posición o si aspira a mejorarla.

D.P.: Volviendo al análisis del mercado, quisiera hacerle una pregunta obvia. Si las economías de escala son importantes (como muchos estudios lo indican) y si la incertidumbre es la regla y no la excepción, ¿la operación de las fuerzas libres del mercado nos podría llevar, no a la mejor asignación de recursos como postuló Pareto sino a la presencia de organizaciones monopolísticas, a distorsiones importantes y en general a fallas del mercado (*market failures*)?

P.H.: Creo que es un error hablar de la mejor asignación de los recursos productivos. ¿Cuál es la mejor? En la economía común y corriente se define como aquella situación que existiría si supiéramos *todo*. Los economistas han operado con la premisa ficticia de que todos los datos relevantes sobre una determinada situación son conocidos, y esto es totalmente ilusorio. Nadie conoce todos los datos. Lo que en realidad existe es un conocimiento muy disperso que no puede concentrarse en ninguna mente individual. Por lo tanto, no tiene sentido llamar óptima aquella situación en la cual todo el conocimiento está disponible, ya que por definición eso no es posible. Nuestro problema no es la utilización plena de todo el conocimiento, sino más bien el mejor uso que podamos lograr con una institución dada. Aun la acción de un monopolista puede ser muy benéfica. Considere el siguiente ejemplo que se me acaba de ocurrir. Alguien descubre una nueva fuente barata de una materia prima, digamos un mineral estratégico escaso, y él es el único dueño. Y es capaz de producirlo a un costo menor que todos los que lo extraen. Este productor entra luego al mercado con un precio mayor a su costo marginal, pero menor al de los otros proveedores, y esto le permite capturar totalmente el mercado. Se podría dar el caso de que este productor pudiera vender su materia prima a 1/10 del precio original, pero aun si no lo hace y aun si está derivando ganancias extraordinarias, está beneficiando a la sociedad, dado que está ofreciendo el producto a un precio menor al que se cobraba anteriormente, y en algunas situaciones esto es lo mejor que se puede lograr.

D.P.: Hay que recordar que los críticos del mercado afirman que el mejor argumento en contra de este sistema fue demostrado por la experiencia de la Gran Depresión de los años treinta. ¿Cómo es posible argumentar que la situación que se desencadenó en 1929 representa un estado de cosas razonable o que es lo mejor que podemos alcanzar?

P.H.: Mi trabajo como economista comenzó, como usted sabe, con el análisis de los ciclos económicos. Uno de los principales problemas de esta área es determinar en qué grado las depresiones son el resultado de la operación de las fuerzas del mercado o si se trata más bien de una distorsión del sistema de precios causada principalmente por la política monetaria. Creo que no se presentarían fluctuaciones en el nivel de actividad económica de la industria si no fuera por la existencia del sistema bancario actual que está basado en el monopolio estatal de la oferta monetaria. Si se hubiera dejado que el mercado estableciera en forma libre la cantidad de dinero que requiere cada economía, no se habrían presentado fluctuaciones importantes o depresiones. Y por esta razón es que he llegado a proponer la desnacionalización de la moneda, lo cual constituye un desarrollo perfectamente consistente con mis ideas. Estoy convencido de que el sistema monetario presente, que ha sido creado por la intervención deliberada del gobierno, impidió el desarrollo de otro tipo de sistema. También estoy convencido, por otro tipo de razones, de que sería políticamente imposible para un gobierno aplicar una buena política monetaria dado que esto lo llevaría a sacrificar los favores que tiene que otorgarles a determinados grupos. Considero que es factible desarrollar un sistema monetario eficiente en el momento en que logremos eliminar el monopolio que ejerce el gobierno en el área monetaria. Esto llevaría a suavizar en forma muy importante los ciclos económicos. De todas maneras, quiero aclarar que las depresiones no son el resultado de la operación de las fuerzas del mercado. Son el resultado de la aplicación de controles por parte del gobierno, particularmente en el campo de la moneda.

D.P.: Su propuesta de desnacionalización de la moneda es interesante. Pero, ¿no considera usted que se enfrenta al obstáculo relacionado con el hecho de que la gente podría perder confianza en el sistema si cae en la cuenta de que no existe un banco central apoyando la moneda?

P.H.: Creo que la gente comprendería que a los bancos les conviene ofrecer dinero estable, puesto que ésa sería la base de rentabilidad de su negocio. Cualquier banco que no pueda ofrecer esto sería sacado del juego por los demás. Soy de la opinión de que sería mejor eliminar todas las restricciones que existen en el campo de la circulación de la moneda y permitir el establecimiento de bancos extranjeros en todos los países en vez de seguir promoviendo una unión monetaria europea. Las monedas nacionales competirían libremente en todos los países. ¿Quién usaría la libra esterlina en Inglaterra si pudiera usar francos suizos?

D.P.: Hoy en día ha surgido un grupo importante de personas que son hostiles a la idea de dejar operar en una forma libre las fuerzas del mercado ya que consideran que no es posible hacer compatibles las metas de eficiencia productiva y de justicia distributiva sin la intervención del Estado. ¿Cuál es su reacción a este punto de vista?

P.H.: Durante los últimos 15 años he tratado de entender el significado de la llamada "justicia social", y debo confesar que no he logrado aclararlo. Esa frase no tiene ningún sentido cuando se aplica a una sociedad de hombres libres. No puede existir justicia distributiva en un contexto en que nadie está encargado de distribuir. He dedicado todo un libro a este tema (titulado *The Mirage of Social Justice*), ya que se ha vuelto uno de los principales criterios para orientar las decisiones políticas y en realidad no tiene una definición inteligible. Esto último es difícil de creer para mucha gente. El punto esencial que debe subrayarse es que la justicia social solamente tiene sentido como concepto en una economía centralmente planificada, pero es inaplicable a los resultados de un proceso espontáneo. Una vez que uno se da cuenta de la vaguedad del término, es deshonesto continuar usándolo.

Por otra parte, no existe ninguna duda de que aquellas personas que han logrado crear riqueza en la forma de nuevas empresas y plantas industriales han beneficiado a más gente a través de la expansión de empleo productivo que las que hubieran beneficiado de haber entregado sus recursos iniciales directamente a los pobres. Lo que los socialistas quieren ganar es el poder para asignar los recursos productivos en una forma arbitraria destruyendo de esta manera las libertades personales. El gran mérito del mercado es que impide a todas las personas de una sociedad ejercer ese poder.

D.P.: Otro ataque frecuente que se hace a las fuerzas del mercado es el de algunas personas que afirman que éstas han operado bien en las sociedades industriales avanzadas, pero por el contrario consideran que no estimulan el desarrollo económico en países más pobres.

P.H.: En sistemas económicos altamente desarrollados, la competencia es muy importante como un proceso de exploración mediante el cual los agentes buscan nuevas oportunidades que una vez descubiertas pueden ser aprovechadas por los demás. Estoy convencido de que esto es aplicable con mayor fuerza al caso de los países en desarrollo. El problema central de estos países es precisamente descubrir qué recursos materiales y humanos están disponibles, y para este propósito la competencia es el mejor sistema que se conoce. Muchos países en desarrollo se quejan por la ausencia de capacidad empresarial suficiente en sus territorios. Es muy claro que la causa de esta situación no es una característica inmutable de los habitantes, sino más bien la consecuencia directa de restringir el área de operación de las fuerzas del mercado.

D.P.: Estoy de acuerdo en que los economistas deben estudiar más detenidamente las funciones creativas del sistema de libre empresa y no exclusivamente las funciones de asignación de recursos. Pero déjeme ahora volver a la discusión de los ciclos económicos mediante una comparación muy rápida entre el colapso de 1929 y el ciclo de Nixon y Ford (1974-1975).

Parece existir un algo grado de consenso en la actualidad entre los miembros de la profesión en el sentido de que los ciclos económicos merecen ser explicados y no constituyen simples curiosidades históricas. La contracción económica que comenzó en 1929 ha sido la peor de la historia. A pesar de esta circunstancia, pocos economistas han intentado evaluar empíricamente el poder explicativo de las distintas teorías que han sido construidas para entender ese tipo de fenómeno. Como lo han sugerido algunas personas, esta situación puede ser consecuencia de la dificultad de realizar experimentos empíricos dado el pequeño número de observaciones realmente independientes. Sin embargo, considero que la única aproximación que los economistas tienen a lo que sería un laboratorio donde pueden evaluar distintas teorías es la historia, y es sorprendente comprobar que la crisis de 1929 todavía no se entiende bien. Existen, naturalmente, diversas interpretaciones. Friedman y Schwartz (*A Monetary History of the United States*), por ejemplo, argumentan que la ausencia de una política de expansión macroeconómica constituyó una de las principales causas de la contracción experimentada. ¿Hasta qué punto está usted de acuerdo con ellos?

Por otra parte, ¿qué luz arroja el estudio de la Gran Depresión sobre el entendimiento de la recesión que comenzó a partir de 1974? Para contestar esta pregunta puede ser útil tener en cuenta algunas similitudes y discrepancias que resultan de efectuar un análisis comparativo de los dos periodos. Corriendo el riesgo de simplificar demasiado las cosas, se podría argumentar que las principales similitudes son: a) En ninguno de los dos períodos se presentó una gran expansión monetaria en términos reales, b) En los dos periodos, el PNB, el consumo real, el sector de la construcción y los indicadores de la evolución de la bolsa de valores experimentaron una caída fuerte, c) En los dos períodos, se presentaron cambios en los términos de intercambio, inestabilidad de los mercados de divisas extranjeras y cambios grandes en los flujos de deuda externa. A pesar de estas similitudes, las diferencias son relativamente grandes, entre ellas, las siguientes: a) La historia del comportamiento de los precios es muy distinta (deflación *vs.* inflación), b) Tasas de cambio fijas *vs.* tasas de cambio flexibles, c) El papel tenido por la OPEP es obviamente un nuevo factor, d) El papel de los países en desarrollo en general es distinto. Dadas estas grandes diferencias, ¿no le parece que podría ser inútil tratar de explicar los ciclos de los dos periodos con el mismo esquema?

P.H.: Déjeme solamente hacer unos breves comentarios a esta pregunta tan compleja. Dos años antes del colapso norteamericano de 1929, el sistema de la Reserva Federal prolongó el *boom*, que había amenazado con interrumpirse en 1927, mediante una política de expansión del crédito. El propósito fundamental de estas medidas fue el de apoyar la libra esterlina, ya que se pensaba que si el dólar era menos fuerte la situación inglesa era más fácil. Llegué en ese momento a estar tan consciente de que se trataba de una expansión exagerada, que como usted tal vez sabe, lancé la predicción de que nos acercábamos a una fuerte recesión. Dentro de mi esquema de análisis, esta situación se veía venir muy claramente. Pero, desde luego, aquí hay que destacar un segundo aspecto del fenómeno. No hay ninguna duda, y en esto me encuentro en concordancia con Milton Friedman, de que una vez que se presentó la recesión, la Reserva Federal implantó una política deflacionaria absurda. Y debo aclarar que no solamente estoy en contra de la inflación, sino que también me opongo a la deflación. Y otra vez resulta claro confirmar que lo que prolongó la recesión fue una política monetaria mal programada, y uno de los componentes de esta política tuvo como consecuencia la destrucción del clima de confianza que existía anteriormente. En 1930, cuando ya estaban por presentarse las primeras indicaciones de un aumento en el nivel de la actividad económica, el presidente Roosevelt decidió desmontar a los Estados Unidos del sistema del patrón oro, y esto causó tal perturbación en el mercado monetario, que aceleró en una forma considerable el proceso de crisis. Déjeme comentar rápidamente el aspecto de las tasas de cambio fijas vs. flexibles que usted ha mencionado. El origen de la iniciativa por tasas de cambio flexibles vino exclusivamente de un conjunto de personas que buscaban una mayor expansión monetaria y se oponían a los límites creados por la existencia de tasas fijas. Esta era la razón fundamental por la cual me opuse a tasas de cambio flexibles, ya que estaban siendo promovidas para hacer que una política de tipo inflacionario fuera posible. En un período posterior, me tocó admitir que las tasas de cambio flexibles se hacían necesarias para el propósito opuesto, es decir, para protegerse uno de la inflación importada. Aquí en Alemania se comenzó a argumentar que era un error mantener tasas de cambio fijas si se necesitaba restringir a los demás países en sus políticas de tipo inflacionario. Este tema lo lleva a uno a formularse la siguiente pregunta: ¿estamos en favor de una moneda nacional o más bien internacional? Y en relación a este aspecto, estoy en favor de una moneda internacional. En la década de los años treinta, estaba convencido de que el único instrumento disponible para alcanzar la estabilidad monetaria era el patrón oro. Hoy en día he llegado a la conclusión de que esta idea no tiene mucha validez, no solamente porque los gobiernos nacionales no han mostrado tener la capacidad de ajustarse a las reglas de juego del patrón oro, sino también porque un regreso a este sistema conduciría a un alto grado de inestabilidad en el valor del oro y, obviamente, esto haría el sistema poco operativo.

D.P.: ¿Cuál considera usted que es la mejor lección que uno puede extraer de un análisis de la Gran Depresión?

P.H.: Creo que la lección más clara es que la expansión monetaria artificial llevó a la depresión, y luego los encargados de la política monetaria empeoraron la situación mediante un proceso de contracción deliberado. Para mí es muy claro que las autoridades son las culpables de haber causado la depresión del 29 y también son responsables por la generación de ciclos posteriores. No estoy de acuerdo con el análisis de Friedman relativo a las causas del fenómeno, pero sí estoy de acuerdo con la crítica que él formula al comportamiento de la Reserva Federal después de que se produjo la contracción. Las autoridades monetarias cometieron un gran error antes y después de la crisis.

D.P.: Algunas personas han argumentado que una de las causas importantes de la Gran Depresión fue la gran caída que se presentó en el nivel de la actividad económica de la industria de la construcción. ¿Usted considera que este factor tuvo un papel importante?

P.H.: Yo diría que la industria de la construcción había sido sobrestimulada anteriormente y había alcanzado un nivel que no podía mantenerse. El colapso de este sector se volvió inevitable.

D.P.: Y ¿qué podría decirse del papel desempeñado por la drástica caída de los índices de la bolsa de valores? ¿Podría considerarse como una causa o sería más bien un efecto dentro de su esquema?

P.H.: Creo que la bolsa se ajustó a expectativas de inversión creciente y, cuando la Reserva Federal mostró que no tenía interés en que financiaran nuevos proyectos, la inversión cayó en forma drástica y se produjo el colapso de la bolsa. Los agentes de la bolsa tenían que reaccionar ante el fuerte desencanto causado por la gran disminución que se presentó en materia de posibilidades de inversión.

D.P.: Volviendo al análisis de las fuerzas del mercado y su importancia como instrumento de exploración y de estímulo al crecimiento económico, quisiera comentarle que el profesor Erhard, en una conferencia dicha en la Universidad de los Andes de Bogotá en 1969, afirmó que el milagro económico alemán no era un milagro sino más bien el resultado del trabajo duro de millones de personas que lograron coordinar sus actividades. ¿Considera usted que la prosperidad alemana es el resultado de una sociedad operando de acuerdo con los principios que usted ha expuesto en su trilogía *Law, Legislation and Liberty*?

P.H.: Alemania constituye un ejemplo muy imperfecto, pero es evidente que es el mejor que existe en la actualidad. Estoy totalmente de acuerdo con la afirmación de Erhard, ya que la forma como se comportó la economía correspondió exactamente a lo que se había esperado después de que se suspendieron los controles de precios en 1948. Éste fue un momento decisivo y es claro para mí que sus consecuencias no eran inesperadas. La recuperación inicial de Alemania se debió esencialmente al retorno a una economía mucho más libre. Pero debe señalarse que existían en esa época otras circunstancias favorables, entre las cuales hay una que no se menciona con la importancia que merece: el buen sentido de los sindicatos. Este último fenómeno tiene también una raíz histórica clara. Los líderes de los sindicatos guardaban en su memoria la experiencia dramática de dos grandes inflaciones; de tal manera que cuando los trabajadores pedían alzas salariales exageradas en relación al aumento de la productividad, todo lo que los empresarios tenían que argumentar era que se estaban creando las condiciones para una inflación acelerada. Y hay que decir que los sindicatos se comportaron en forma muy responsable y se dieron cuenta de que para apoyar sus intereses de largo plazo debían ayudar a controlar la inflación.

Esta generación de líderes sindicales responsables está desapareciendo y está siendo remplazada por una nueva que no tiene recuerdos de la época de hiperinflación. Ésta es una mala noticia para el país. Afortunadamente, la Constitución alemana otorga mucho menos poderes a los sindicatos en comparación al caso inglés; aquí prácticamente no existen posibilidades de huelgas violentas o de la utilización de cualquier tipo de fuerza. Esto todavía ayuda al país, y Alemania en realidad tiene la Constitución más libre de las existentes en el mundo contemporáneo. Tal vez en Bélgica uno podría hallar condiciones similares, pero encuentro muy difícil señalar otros países donde las condiciones sean favorables. Claro está que uno puede dar varios ejemplos donde se han presentado "milagros económicos" como consecuencia de la instauración de un régimen económico libre: Hong Kong y Singapur, y en cierta medida Corea del Sur, puesto que no tiene lo que podría llamarse un sistema libre. En este último país el problema no es que el gobierno no deje trabajar a los empresarios, sino más bien que otorga subsidios excesivos; sin embargo, como en el caso japonés, la evolución económica acelerada de Corea del Sur es resultado de la operación del sistema de libre empresa.

D.P.: Se puede observar un crecimiento muy claro de las actividades del sector público en la mayor parte de los países del mundo. Una pregunta central que deben contestar los gobiernos de los países en desarrollo es en qué medida el Estado debe proteger al sector privado (a través de aranceles, subsidios, incentivos tributarios, préstamos blandos, etc.), particularmente cuando el riesgo y la incertidumbre deben ser tomados en cuenta en las decisiones de inversión. Como usted sabe, Arrow y Linder (*Issues on Public Finance*) han examinado este tema y han llegado a la conclusión de que es preferible impulsar la inversión pública en vez de otorgar subsidios al sector privado. Consideran que el otorgar subsidios directos no altera el costo de asumir el riesgo y, por lo tanto, estimula inversiones que son ineficientes cuando estos costos se toman en consideración- Se puede ver muy fácilmente que Arrow y Linder asumen que el Estado puede ignorar los riesgos de los proyectos y según ellos debe ampliar la inversión pública si la tasa social de retorno es positiva aun si el proyecto resulta ser ineficiente.

Para mí está claro que un nivel excesivo de subsidios puede crear distorsiones indeseables y llevar a un abuso de fondos públicos. Pero un aumento de la inversión pública en la producción de bienes tiene problemas que pueden ser aún más serios (en particular, excesiva ineficiencia y corrupción). Por esta razón, creo que cierto tipo de subsidios a la producción pueden ser justificables en algunos casos.

P.H.: Tal vez los subsidios se justifican para evitar el perjuicio que los Estados podrían causar de otras maneras. Soy de la opinión de que los gobiernos deben quedarse fuera de los proyectos de alto riesgo. Si se logra diseñar una política fiscal sensata, que no sea un peso excesivo para el sector privado, el gobierno puede derivar de allí un flujo creciente de recursos. Por otra parte, si los gobiernos de muchos países no hubieran tomado tantas medidas para desestimular la inversión en el pasado, no se necesitarían ahora incentivos. Si existe un buen balance entre riesgo y ganancias, el sector privado aumentará su inversión y no habrá necesidad de inversión pública.

D.P.: ¿Cómo describiría usted el papel del Estado en su sistema económico ideal?

P.H.: Primero que todo, el Estado debe proveer un cuerpo general de leyes que lleve al mejor funcionamiento del mercado. Esto implica mejorar gradualmente las reglas del derecho privado y comercial. Luego está la función de proveer, por fuera del mercado, un conjunto de bienes y servicios para algunas personas que no tienen la capacidad de ganar un nivel mínimo de salario en el mercado del trabajo. Pero esto no debe hacerse interfiriendo en el mercado. Las personas que no puedan lograr un nivel de ingreso que les permita cubrir sus necesidades más elementales deben recibir una compensación uniforme del Estado. Por otra parte, como lo he tratado de explicar en mi libro *The Political Order of a Free Society*, no estoy hablando de un mini-Estado encargado exclusivamente de hacer cumplir las leyes y de defender a los habitantes de enemigos externos. El gobierno debe utilizar su capacidad de recolectar fondos a través del sistema de impuestos para proveer bienes colectivos que no pueden ser ofrecidos por el mercado (parques, mapas, certificación de la calidad de los productos, etc.) y para controlar factores externos negativos tales como la contaminación ambiental.

D.P.: Su idea relacionada con un nivel mínimo de ingreso es interesante. ¿Hasta qué punto es equivalente al impuesto negativo sobre la renta propuesto por Friedman?

P.H.: Considero que la propuesta de Friedman es una solución. No me he especializado en cuestiones relacionadas con las finanzas públicas, pero creo que la idea de Friedman puede hacerse compatible con una tasa uniforme de impuestos. No tiene que ser progresiva. Por debajo de cierto nivel, el Estado debería complementar el ingreso de las personas; y, por encima, se les cobrarían impuestos, pero sobre una base constante. Con esta aclaración, estaría dispuesto a aceptar la propuesta de Friedman. Mi desacuerdo con él en el área de la política monetaria oscurece el hecho de que en la mayoría de los demás temas estoy en la misma línea de pensamiento que él. Las ideas tales como el establecer cupones para la educación o el impuesto negativo sobre la renta son brillantes.

D.P.: En Latinoamérica, las ideas de Friedman se asocian particularmente con la política económica del gobierno de Chile.

P.H.: Eso es cierto. Estuve hace tiempo en Chile y descubrí que ¡el país está siendo manejado por miembros del seminario de Friedman!

D.P.: ¿Qué impresión obtuvo usted de la situación chilena? ¿Considera usted que las ideas de Friedman están operando bien al nivel de la práctica?

P.H.: El sistema económico está funcionando muy bien y la recuperación es extraordinaria. No tuve oportunidad de conocer en detalle el sistema de control político para tener una opinión seria sobre él. Pero desde el punto de vista económico, el sistema es ahora mucho más libre en comparación a lo que había sido por muchos años. También creo que el tratamiento que la prensa internacional le ha dado a Chile es escandaloso.

D.P.: Pasando a un tema relacionado, tuve oportunidad de discutir con el profesor Tinbergen[6] su teoría de la convergencia de los sistemas económicos al nivel mundial. Parece que el redescubrimiento en los países socialistas del sistema de precios, en el sentido de que han introducido un grado parcial de descentralización en sus respectivos sistemas económicos, y el crecimiento simultáneo del sector público en las naciones occidentales podría llevar a una especie de economía mixta en muchos países. ¿Está usted de acuerdo con la tesis de la convergencia de los distintos sistemas económicos a nivel mundial?

P.H.: No creo que exista una tendencia actual. Es cierto que se ha presentado un movimiento en los países socialistas hacia la descentralización, ya que una economía estrictamente planeada no pudo funcionar; también es cierto que las economías occidentales se han alejado del sistema de libre empresa en una forma significativa durante los últimos treinta años. Pero no creo que esta última tendencia vaya a continuar, porque una vez que un Estado se compromete a un nivel alto de interferencia en la economía como el que hemos experimentado últimamente, se llega a un grado tal de estupidez en la formulación de la política económica que se va a presentar un movimiento masivo de gente que va a exigir mucha más libertad de acción. No creo que la generación presente de políticos entienda este punto, aun cuando existen unas pocas excepciones. El gobierno británico actual tiene un líder que entiende bien el problema. Alemania tiene la gran suerte de contar con un partido socialista cuyo líder no es socialista. Schmidt no puede considerarse socialista desde ningún punto de vista. Pero déjeme decirle que existe una reacción tan fuerte en la generación joven contra las tendencias de intervención creciente del Estado, que si los políticos no destruyen la civilización en los próximos veinte años se presentará un retorno al sistema de economía libre en el mundo occidental. Este renacimiento de lo que llamamos en Europa ideas liberales (en los Estados Unidos los liberales apoyan la intervención del gobierno) es extraordinario aun en países como Francia que por mucho tiempo no tuvieron grupos liberales y en los que ahora un grupo fuerte de economistas liberales está actuando. Esto es también cieno en Alemania y también es aplicable a los Estados Unidos. Este grupo de gentes están en

---

6 Véase Diego Pizano, "Un diálogo con el profesor Tinbergen" en este mismo libro.

sus veintes y treintas, pero han logrado cambiar completamente la situación en el mundo. A mí siempre me gusta decir que cuando yo estaba muy joven solamente los hombres muy viejos creían en la economía de mercado. Cuando llegué a mi edad madura nadie creía en el sistema de precios, exceptuando mi persona. Y ahora que estoy muy viejo solamente los jóvenes creen en él. Esta situación me hace optimista en el largo plazo, pero el futuro cercano se ve todavía oscuro. Aún existe la tendencia hacia mayores controles del gobierno. Pero, como ya dije, la nueva generación está reaccionando, y ahí es donde coloco mi esperanza para el futuro.

D.P.: En la introducción de su libro *Studies in Philosophy, Politics and Economics,* usted afirma que se dio cuenta, en una etapa temprana de su carrera, de que si aspiraba a entrar en el campo de la formulación de la política económica tenía que prepararse en muchas áreas distintas a la economía puramente técnica, y que por eso encontró necesario convertirse en un filósofo de la ciencia, un político teórico, y tuvo que realizar extensas investigaciones en áreas tales como derecho, historia y psicología. Ahora que usted ha completado esta larga preparación y ha desafiado en forma seria el mito de la especialización, ¿se siente en capacidad de ofrecer recomendaciones de política económica?

P.H.: En relación a los principios de la política económica, ciertamente. Pero no estoy informado sobre los hechos de ningún país en particular como para sentir la ambición de tener algo que ver con las medidas actuales. Por lo tanto, estoy operando totalmente al nivel de la expresión de mis ideas. Mi propósito es hacer políticamente posible lo que hoy en día no es políticamente factible.

D.P.: He formulado la pregunta porque tengo el presentimiento de que es importante para el diseño de sistemas académicos en nuestras universidades. ¿En qué medida algunas de las fallas de la política económica de los últimos cuarenta años se habrían podido evitar si los que han estado encargados de tomar las decisiones hubieran recibido un entrenamiento de carácter multidimensional que comprendiera desde la epistemología hasta la teoría de la justicia además de tas materias de economía puramente técnicas?

P.H.: Estoy convencido de que los economistas serían menos peligrosos si tuvieran ese entrenamiento. Pero desafortunadamente el economista normal no tiene tiempo para eso. Sin embargo, es importante introducir en los principales textos secciones que ofrezcan la posibilidad a los estudiantes de considerar problemas filosóficos y de analizar aspectos legales que la mayoría de los miembros de la profesión nunca han tratado. Ellos han estado en la posición desafortunada de no haber podido dedicar la mitad de sus vidas al estudio de problemas filosóficos. Yo he tenido mucha suerte en mi carrera profesional. Estuve veinte años en la London School of Economics y luego me llamaron a Chicago, donde era miembro del Comité de Ciencias Sociales que se ocupaba de problemas que surgen en las fronteras entre las disciplinas; y en realidad tuve la libertad de hacer lo que quería. Dispuse de suficiente tiempo para educarme en la dimensión filosófica. Esta no es la posición del economista normal. Lo único que puede hacerse es ofrecer a los estudiantes introducciones de tipo general a una gran variedad de problemas. Estoy ahora comenzando un libro cuyo título será *The Immense Conceit* y que trata exclusivamente de los fundamentos filosóficos de nuestra actual política. El análisis toma en cuenta la concepción de la economía como un proceso de adaptación a lo desconocido —ésa es la frase clave.

D.P.: Muy interesante el libro que usted anuncia. Quisiera preguntarle, ¿cuál considera usted que es su mayor aporte a la teoría económica? Machlup (*Essays on Hayek*) piensa que su Teoría del Capital contiene "los pensamientos más profundos que se hayan publicado en la historia de la teoría económica". ¿Está usted de acuerdo con esa evaluación?

P.H.: No estoy de acuerdo. El punto en el cual logré desarrollar un nuevo enfoque fue una conferencia que dije en 1936, el mismo año en que apareció la Teoría General, y que titulé "Economics and Knowledge". Ese pequeño trabajo contiene las semillas de todos mis desarrollos posteriores. Encontré que el desenvolvimiento de mis ideas en campos tan distintos como la teoría del capital, la teoría de los ciclos económicos y la teoría del socialismo me llevaba de nuevo a la idea filosófica básica que expresé en aquel ensayo escrito en 1936.

D.P.: Usted compartió el Premio Nobel con el profesor Myrdal, y él reaccionó ante su conferencia con motivo del premio diciendo que él nunca había pensado en serio sobre temas epistemológicos. ¿Cuál fue su propia reacción ante la conferencia de Myrdal?

P.H.: Bueno, en realidad me confirmó la idea de que parece imposible penetrar en la mente de algunas personas que comienzan su análisis con ciertos prejuicios socialistas. Y me refiero a ciertos prejuicios filosóficos; a la idea de que uno puede diseñar el mundo de acuerdo con sus deseos en cada detalle. Estoy consciente de que el mundo en el cual vivimos es el resultado de un proceso de evolución que no podemos controlar. Podemos tratar de interferir en él (*tinker with it*, para usar la expresión de Popper); esto es, podemos tratar de mejorarlo aquí y allá, pero el desarrollo global escapa a nuestras posibilidades. Los alemanes tienen una buena palabra para describir esto, *machtbarkeit*, que expresa la noción de que uno puede construir el mundo de acuerdo con su propio diseño. Esta noción está esencialmente equivocada y se vuelve muy clara si uno entiende cómo la mente humana y la totalidad de la civilización se han desarrollado. El mundo en que vivimos no fue diseñado por ninguna inteligencia en particular, y el hombre no tiene la capacidad para haberlo diseñado en forma inteligente. El socialismo es todavía una criatura de la noción de que uno puede determinar el curso de la historia de acuerdo con un plan preestablecido. Heilbroner, en su libro *Between Capitalism and Socialism* tiene una frase que expresa la idea fundamental del socialismo y que no parece totalmente equivocada: "Una de las creencias básicas del socialismo es que el hombre se crea a sí mismo. El socialismo no necesita desarrollar una concepción de la naturaleza humana y por eso puede concentrarse en crear las instituciones a través de las cuales esa naturaleza se forma. En una palabra, la naturaleza humana será aquella que al final queramos." Esto me lleva a argumentar que lo que me separa a mí de los pensadores socialistas no es una diferencia moral sino una diferencia intelectual. Me divide una concepción distinta de lo que estamos en capacidad de hacer y lo que no estamos en capacidad de hacer. Y esto es muy importante, porque los socialistas evaden el problema con el argumento de que nos hallamos ante un problema de valores que está por afuera de la ciencia. No es un problema de valores. Se trata de un problema de tipo intelectual que resulta ser de la mayor importancia: lo que puede estar bajo nuestro control y lo que no puede estarlo.

D.P.: ¿Usted cree que la mayoría de los socialistas están realmente interesados en mejorar el poder explicativo de sus teorías? ¿O será que están motivados por adquirir poder político? Es muy claro que un economista, por ejemplo, es mucho más influyente en una economía centralmente planificada que en una economía de libre mercado.

P.H.: No es posible generalizar al respecto. Mi próximo libro está en realidad dirigido a los socialistas de tipo intelectual, y es mi esperanza que el aspecto de poder no sea prioritario para ellos. No estoy seguro de esto, pero espero que sea así. Sin embargo, cuando un pensador socialista entra en el terreno de la política, su deseo de llegar al poder eclipsa todo lo demás. Estoy tratando de penetrar la mente de pensadores socialistas y mostrarles que ellos están trabajando con ideas y con concepciones falsas. Y, como ya dije, no es simplemente porque estamos trabajando con concepciones morales distintas, sino porque operan con un esquema equivocado de cómo funciona la sociedad y cómo puede funcionar. Les he advertido que, a menos que se corrijan los principios de nuestras políticas, nos va a tocar sufrir consecuencias que la mayoría de los socialistas rechazan.

D.P.: Hoy en día, un conjunto amplio de personas consideran que Marx hizo algunas contribuciones de interés a la teoría económica. De acuerdo con Morishima (*Marxian Economics*), por ejemplo, Marx y Walras deberían ser reconocidos conjuntamente como los pioneros de la teoría dinámica del equilibrio económico. Es bien sabido, por otra parte, que las principales predicciones de Marx sobre la evolución del sistema de libre empresa han fallado totalmente. Sin embargo, considero que haber logrado explicar cómo es que *no* funciona el sistema económico libre puede ser también una contribución al conocimiento.

P.H.: Estoy de acuerdo en que todo error ayuda al avance del conocimiento, y Marx es evidentemente error puro. Además del fracaso de sus predicciones, que refutan claramente su sistema de pensamiento, déjeme darle dos ejemplos que muestran el escaso entendimiento que tenía de problemas de tipo social.

Como lo he afirmado en mi último libro, *Law, Legislation and Liberty,* Marx desconocía totalmente la función de proveer señales que ofrece el sistema de precios. Fue incapaz de entender cómo un proceso de evolución selectiva que no conoce leyes que determinan su dirección puede generar un orden autodirigido. Por otra parte, Marx tampoco entendió que una economía centralmente planificada lleva inevitablemente a la tiranía totalitaria, tesis que he desarrollado en mi libro *The Road to Serfdom* y que es ahora ampliamente reconocida en Occidente.

D.P.: Después de haber realizado investigaciones en el área de la psicología, ¿cuál es su opinión sobre el enfoque de Freud y su esquema?

P.H.: Considero que Freud se ha convertido en el gran destructor de la civilización y la cultura con su propósito básico de eliminar los hábitos que se adquieren social y culturalmente y remplazados por los instintos innatos.

D.P.: Para terminar esta conversación tan interesante, quisiera preguntarle ¿cuál considera usted que es la mayor contribución de A. Smith a la teoría económica?

P.H.: Acabo de encontrar una bella frase: "Smith fue el último de los moralistas y el primero de los economistas. Darwin fue el último de los economistas y el primero de los biólogos."

La mayor contribución de Smith fue una que él mismo se encargó de esconder cuando argumentó que la división del trabajo dependía en gran medida del tamaño del mercado. Pero cuando dio su ejemplo célebre de la fábrica de alfileres, que es un caso de especialización deliberada, confundió a sus lectores. Mucha gente piensa que lo que Smith estaba ilustrando era la división organizada de trabajo dentro de una fábrica. Lo que él tenía en mente en realidad era la división mundial del trabajo, lo cual implica división del trabajo entre las distintas actividades y no dentro de las fábricas. La división del trabajo no es un invento de la mente humana; es la evolución de un proceso.

BIBLIOGRAFÍA

Arrow, K., Social Choice and Individual Values, Yale, *1963*.
Arrow, y Linder, "Issues on Public Finance", American Economic Review, 1976.
Erhard, L., Conferencia pronunciada con motivo de recibir el grado de *doctor honoris* causa en la Universidad de los Andes, Bogotá, 1969.
Friedman, M., "Proposal for a negative income tax". Capitalism and Freedom, Chicago, 1962.
Friedman, M. y A. Schwartz, *A Monetary History of the United States*. Princeton, 1963.
Hayek, F.A.,: "Economics and Knowledge", Economica, 1936.
———, *The Pure Theory of Capital*, Londres, 1941.
———, *The Road to Serfdom*, Londres, 1944.
———, *Individualism and Economic Order*, Londres, 1948.
———, *The Counter-Revolution of Science*, Londres, 1952.
———, *The Sensory Order*, Londres, 1952.
———, (ed.), *Capitalism and the Historians*, Londres, 1954.
———, *The Constitution of Liberty*, Londres, 1960.
———, *Studies in Philosophy, Politics and Economics*, Londres, 1967.
———, "A Tíger by the Tail—The Keynesian Legacy of Inflation", Institute of Economic Affaírs, Londres, 1973.
———, "The Pretence of Knowledge", Nobel Prize Lecture. Nobel Foundation, 1974.
———, "Full Employment at any Price?", IEA, Londres, 1975.
———, "Denationalization of Money", IEA, Londres, 1976.
———, *New Studies in Philosophy, Politics, Economics and the History of Ideas*, Londres, 1978.
———, *Law, Legislatian and Liberty: Vol. I, Rules and Order*, Londres, 1973- *Vol. II, The Mirage of Social Justice*, Londres, 1976. *Vol. III, The Political Order of a Free Society*, Londres, 1979.
Hicks, J.R., *The Crisis in Keynesian Econornics*, Oxford, 1974.
Keynes, J.M., *Collected Works*, Royal Economic Society, London, Macmillan, 1971-1979
Kuhn.T.S., *La estructura de las revoluciones científicas*, México, FCE, ed. 1971, 2ª reimpresión 1975.
Kresge, S. And Wenar, L. (eds). *Hayek on Hayek*, Chicago, 1994.
Morishima, M., *Marx's Economics*, Cambridge, 1973.
Machlup, F. (*ed.*), *Essays on Hayek*, Londres, 1977.
Myrdal, G., "Nobel Prize Lecture". Nobel Foundation, 1974.
Pizano, D., "Un diálogo con el profesor Tinbergen", en este mismo libro.

II. UN DIALOGO CON
EL PROFESOR JOHN R. HICKS

La primera vez que oí hablar del profesor John R. Hicks fue en 1965 cuando le pregunté a Jorge Franco, un profesional amigo de mi padre sobre la disciplina de la economía. El había estudiado en Harvard en los años cuarentas y luego viajó a Oxford en 1955 a hacer estudios de postgrado bajo la dirección del profesor Hicks. "Se trata de un académico muy erudito y profundo", me señaló Franco. En 1977 pasé varios meses en Oxford, y tuve oportunidad de visitarlo en su oficina del All Souls College. Tenía magníficas ediciones de los principales economistas desde la época de Adam Smith. Tenía los escritos de Vilfredo Pareto en italiano. También tenía libros relacionados con algunos países en desarrollo del Asia, África y el Caribe y publicaciones del Fondo Monetario Internacional y del Banco Mundial ya que le hacía seguimiento a las tendencias de la economía mundial. Le presenté la idea de este proyecto y la acogió con entusiasmo. Le envié por anticipado algunas de las preguntas que deseaba formularle y tuvo la amabilidad de contestarlas. Sin embargo, no le gustaba improvisar y prefería meditar con calma sus respuestas. En una ocasión me pidió que le diera una semana para elaborar unas respuestas más coherentes.

Sir John Hicks (1904-1989) enseñó en el London School of Economics, la Universidad de Manchester, la Universidad de Johannesburg y la Universidad de Cambridge; fue Drummond Professor de economía política en la Universidad de Oxford hasta 1965. Escribió numerosos artículos y libros entre los cuales se destacan: *The Theory of Wages* (1932), *Value and Capital* (1939), *Critical Essays in Monetary Theory* (1967), *A Theory of Economic History* (1969) *y Capital and Time* (1973). Fue miembro de la Comisión de Asignación de Fondos Públicos de Nigeria en 1950 y de la Comisión Real sobre Impuestos y Ganancias en 1951. La Academia de Ciencias de Suecia le otorgó el Premio Nobel en 1972 por sus importantes contribuciones a la disciplina tanto a nivel de la microeconomía como de la macroeconomía. Esta conversación tuvo lugar en Oxford, Inglaterra, en junio de 1977.

Diego Pizano: Quisiera comenzar esta discusión haciendo referencia a su teoría de los salarios, ya que este tema está conectado con uno de los debates más controvertidos e interesantes de nuestro tiempo: el relacionado con los determinantes de la distribución del ingreso. Sé que no está satisfecho con algunas de sus afirmaciones de la primera edición del libro *La teoría de los salarios* (1932), pero algunos académicos sobresalientes, como el profesor Schumpeter, consideraron muy interesante su aporte.

En primer lugar, sería de interés conocer su opinión sobre la posición de académicos tales como Joan Robinson[7] y Maurice Dobb,[8] quienes han afirmado recientemente que la teoría económica no provee un marco adecuado para el estudio de la distribución del ingreso. Dobb llega inclusive a afirmar que ni siquiera los marxistas más serios han logrado construir una buena teoría.

Ha existido bastante confusión en este tema dado que muchos autores no aclaran cuál podría ser la contribución de los economistas a un problema tan complejo y de tantas dimensiones. No creo que los economistas estén en capacidad de contestar la pregunta normativa de cuál debería ser la distribución del ingreso, pero sí podrían ser útiles al sugerir una teoría operacional que permitiera aclarar cuáles son las variables económicas responsables de la forma y estructura de la distribución. En igual forma y también importante, los economistas podrían arrojar luz sobre la interacción entre la distribución del ingreso y los diversos objetivos macroeconómicos, a fin de resolver los posibles conflictos que suelen presentarse entre ellos.

Esta breve introducción lleva a la formulación de la siguiente pregunta: ¿cree que su teoría de los salarios es una teoría normativa o positiva? En otras palabras, ¿considera que la versión lógicamente coherente de la teoría neoclásica en equilibrio implica relaciones de causalidad o sugiere más bien un "estado de cosas" deseable?

En un contexto dinámico en donde hay niveles de inflación y de desempleo altos, ¿sería correcto aplicar la teoría de la productividad marginal? O, por el contrario, ¿no debería reconocerse que en situaciones de desequilibrio esto puede llevar a interpretaciones erróneas? Y, ya que hablamos de problemas que se presentan dentro de la dimensión temporal, ¿no valdría la pena hacer un intento por integrar algunos aspectos de su teoría de los salarios con los puntos centrales de su propia teoría del ciclo económico? Creo que seria interesante explicar qué sucede con las participaciones de los factores de producción en las fases ascendentes y descendentes del ciclo. Otro punto que me

---

7   J. Robinson, "The Second Crisis in Economic Theory", A.E.R., 1974.
8   M. Dobb, *Theories of Value and Dislribution Since Adam Smith*, Cambridge University Press, 1974.

parece requiere análisis es la evaluación de la importancia de factores monetarios en la determinación de la distribución del ingreso. Tengo la impresión de que estos factores podrían ser importantes, pero en su teoría no desempeñan un papel muy destacado.

Por otra parte, me gustaría conocer su opinión sobre lo siguiente: como usted bien lo sabe, existen dos enfoques principales para construir una teoría de la distribución del ingreso. Una escuela de pensamiento (Champernowne, por ejemplo) asume que el ingreso es el producto de un proceso estocástico que actúa en forma multiplicativa. La otra escuela (Tinbergen, por ejemplo) parte de la base de que el ingreso es generado por un conjunto de factores que operan simultáneamente. He estado analizando estos dos enfoques y he llegado a la conclusión de que no parece existir incompatibilidad alguna que obstaculice la integración de los dos; sin embargo, no encuentro un esfuerzo en esta dirección en la literatura, lo cual me sorprende. ¿Cuál sería su reacción a esta inquietud?

Profesor Hicks: En la segunda edición de *La teoría de los salarios*, traté de explicar qué aspectos de mi teoría original deberían rechazarse por ser inadecuados. Los primeros capítulos sobre la operación del mercado laboral constituyen la parte del libro que hoy en día parece menos susceptible de crítica. Todavía sostengo que tienen el mérito de haber demostrado que este mercado es por naturaleza muy especial, independientemente de la existencia de organizaciones sindicales, en donde intervienen tanto aspectos sociales como económicos. Sin embargo, mi libro tiene una serie de limitaciones, entre las cuales sobresale el tratamiento del capital, y en particular rehuye el problema de cómo debe integrarse el capital a una teoría estática. Este punto es relevante para el análisis de la clasificación de los inventos, tema que está conectado con la distinción que puede hacerse entre el capital como concepto físico (máquinas) y el capital como fondo de salarios. Si estamos haciendo una comparación estática, debemos usar el concepto físico, pero si estamos trabajando en el campo de la planeación del desarrollo económico, por ejemplo, no estaría dispuesto a defender la tesis de que el enfoque correcto sería el de las productividades marginales.

Me pregunta si considero mi teoría como normativa o positiva. Puede afirmarse que hace parte de la economía positiva, es decir, que contiene relaciones de causalidad. Pero no en el sentido de explicar la estructura de la distribución del ingreso en un punto en el tiempo sino, más bien, de suministrar un marco conceptual que permita orientarnos sobre la dirección en la cual operan diversas fuerzas. He adelantado recientemente un trabajo sobre la economía ricardiana con el profesor Hollander, que está relacionado con este tema y que aparecerá pronto en el *Quarterly Journal of Economics* (agosto de 1977). Me sugiere también que sería fructífero integrar en alguna forma mi teoría de los salarios y mi teoría del ciclo económico. El problema *es* que mí contribución a la teoría de los salarios fue la de esbozar una teoría de equilibrio de largo plazo, en tanto que la teoría del ciclo económico pretende explicar eventos que tienen lugar en el corto y el mediano plazo. El enfoque de los dos trabajos es muy diferente. Di por sentado lo que Keynes y Harrod habían elaborado, y estoy consciente de que se debe hacer un esfuerzo para reconciliar mis dos trabajos. Se podría decir que buena parte de mí libro *Capital y crecimiento* (1965) constituye un paso en esa dirección.

D.P.: Otro punto de mucho interés que quisiera comentarle está conectado con uno de los numerosos conceptos que usted ha introducido en la teoría económica, la elasticidad de sustitución. Como sabe, Joan Robinson y Champernowne introdujeron definiciones ligeramente diferentes a la suya; sólo si estamos en presencia de economías constantes a escala se podría demostrar que todas estas definiciones son equivalentes. Ahora bien, me parece claro que su definición y la de la profesora Robinson están restringidas al caso de la función de producción lineal y homogénea, mientras que la definición de Champernowne es independiente de la escala de planta si estamos en una economía en la cual las economías de escala son importantes. ¿Cree que su definición podría adaptarse a esta situación, o tendría razón el profesor Arrow cuando señala en su conferencia con motivo del Premio Nobel que la teoría económica no ha podido resolver los problemas que se crean al considerar los rendimientos crecientes a escala?

P.H.: Lo que pienso actualmente sobre el concepto de la elasticidad de sustitución se encuentra resumido en un artículo reciente que publiqué en los *Oxford Economic Papers*.[9] En esa ocasión estaba interesado en extender el modelo original para tener en cuenta al menos tres factores de producción y mostrar así la naturaleza de las relaciones de sustitución y de complementaridad. Tal como sugerí

---

9 J.R. Hicks, "Elasticity and Substitution Again: Substitutes and Complements", O.E.P., noviembre de 1970.

en mis conclusiones, Joan Robinson ha debido tener los derechos exclusivos de autor en relación con la postulación del concepto de la elasticidad de sustitución; mi definición ha debido llamarse algo así como la elasticidad de la complementaridad. Solamente en el caso de dos factores de producción se puede demostrar que una es recíproca de la otra. Creo que el problema de la linealidad que usted señala es importante, pero considero que las limitaciones que surgen al tener en cuenta solamente dos factores de producción pueden ser aún mayores.

D.P.: Usted ha señalado en uno de sus últimos libros, *La crisis de la economía keynesiana* (1975), que los historiadores del futuro muy posiblemente denominarán el tercer cuarto del siglo XX como la Edad de Keynes. Creo que sería muy útil para los economistas que trabajan en América Latina si pudiera hacer unos comentarios relacionados con la exégesis de algunos aspectos de la teoría keynesiana. Esto podría tener alguna importancia si se tiene en cuenta que la mayor parte de los gobiernos de los países latinoamericanos han sido influenciados por el enfoque macroeconómico en el diseño de políticas.

Es conocido que usted se interesó en la macroeconomía a través de los trabajos iniciales del profesor Hayek, al mismo tiempo que su entrenamiento teórico lo recibió en la tradición del equilibrio general de Walras y Wicksell. Sin embargo, ha reconocido muchas veces la gran influencia que ejerció Keynes sobre su desarrollo intelectual. La pregunta obvia que quisiera formular en este contexto es la siguiente: ¿cree que las contribuciones de Walras y de Keynes pueden entenderse dentro de un mismo marco conceptual? Posiblemente en su respuesta hará mención de su invento del célebre diagrama IS-LM que ha tenido un enorme valor pedagógico en todas las universidades del mundo, incluyendo las latinoamericanas. Pero, ¿podría asegurarse que el diagrama representa clara y fielmente el pensamiento de Keynes? En su libro afirma que el diagrama tenía por objeto solamente captar un aspecto central del planteamiento keynesiano y que el mismo Keynes lo había aceptado como tal. Pero, al revisar la correspondencia que usted tuvo con él,[10] no parece claro que esa afirmación sea enteramente correcta, puesto que Keynes señala que los conceptos de equilibrio e incertidumbre generan complicaciones importantes.

---

10 J.M. Keynes, *Collected Works*, Royal Economic Society, vol. XIV, 1973.

Quisiera aprovechar esta oportunidad para argumentar que no es posible acomodar la contribución de Keynes como un caso especial de la tradición walrasiana por las siguientes razones: 1) Los fundamentos epistemológicos de la teoría de Keynes (que no deben confundirse con los ideológicos), son diferentes a los de Walras; Keynes no concebía la economía como una ciencia natural y, por tanto, no estaba interesado en ofrecer explicaciones mecánicas del comportamiento económico de los hombres, a la manera de Walras; en este contexto, si hay un cambio en las expectativas de los principales agentes económicos, se producirá un desplazamiento simultáneo tanto de la curva IS como de la LM y el concepto de equilibrio puede ser de poco valor. 2) Keynes nunca pensó en la posibilidad de construir un modelo determinístico del sistema económico de su época, dada la gran importancia del factor incertidumbre. Estoy escribiendo en la actualidad un breve ensayo mostrando que las conexiones entre su *Tratado de probabilidad* y la *Teoría general* iluminan mucho este aspecto y que, sorprendentemente, no han sido tenidas en cuenta.

La discusión de Keynes sobre las probabilidades subjetivas y la imposibilidad de medirlas en el mundo real, está claramente conectada con lo que considero es el mayor aporte de este pensador a la teoría económica, a saber: la incorporación del concepto griego de la tridimensionalidad del tiempo, mediante el papel que desempeña la incertidumbre en el modelo, y la postulación de la función de la preferencia por la liquidez.

Su libro sobre la economía keynesiana da la impresión de que el análisis de Hayek podría estar volviéndose más relevante para el examen de los problemas contemporáneos, mientras el marco conceptual de Keynes podría estar perdiendo su poder explicativo. ¿Podría deducirse de aquí que los problemas más urgentes de la política económica actual en el mundo industrializado tienen que ver más con los problemas que llamaban la atención a Pigou, relacionados con el bienestar económico y la asignación de recursos, en lugar de las preocupaciones keynesianas relacionadas con el desempleo y la recesión? Y hablando de desempleo, ¿estaría usted de acuerdo con Hayek en que la teoría keynesiana del desempleo estaba equivocada y que la distorsión de los precios relativos es la verdadera causa del desempleo, ya que no permiten igualar la oferta y la demanda por trabajo en cada uno de los sectores de la economía?

P.H.: Debería comenzar diciendo que voy a tener que cambiarme el nombre. *Valor y capital* (1939) fue escrito por un economista neoclásico llamado J.R. Hicks, que ya murió, mientras, como lo he insinuado en otra parte, los libros *Capital y tiempo* (1973) y *Una teoría de la historia económica* (1969) fueron escritos por John Hicks, un economista que no es neoclásico y que le falta al respeto a su tío con frecuencia.[11] Es importante anotar que estos dos últimos trabajos pertenecen a la misma categoría, puesto que son el fruto de un enfoque histórico. *Capital y tiempo* contiene el sistema temporal incorporado en una forma implícita, pero puede explicarse en forma tal que sea comprensible para los historiadores. En mi *Teoría de la historia económica* la dimensión temporal está tratada explícitamente.

En *Capital y tiempo* no supongo que existe un proceso de convergencia gradual y sin desviaciones bruscas hacia una solución de equilibrio, tal como un verdadero neoclásico hubiera supuesto. Por el contrario, mi intuición me señala que el proceso está posiblemente sujeto a perturbaciones y desviaciones, aun bajo todos los supuestos simplificadores que hice (no tuve en cuenta el dinero ni los monopolios ni el gobierno ni tampoco los recursos no renovables).

Me he vuelto escéptico últimamente no sólo de la función de producción sino también de la frontera tecnológica. Estaría ahora dispuesto a abandonar la distinción entre las sustituciones que pueden ocurrir a lo largo de la frontera y los cambios en tecnología que desplazan la curva.

Sus comentarios sobre el diagrama IS-LM están relacionados, naturalmente, con los interrogantes que surgen al analizar la dimensión temporal en la teoría económica. Normalmente representamos el tiempo en nuestros diagramas mediante una coordenada espacial, pero esa representación no es completa. Existe una asimetría obvia entre el tiempo y el espacio.

En el espacio nos podemos mover en cualquier dirección, mientras el tiempo es irreversible; el tiempo siempre procede hacia adelante y nunca puede retroceder.[12] El profesor Georgescu-Roegen ha llegado a este simple principio mediante un camino de tipo cósmico: la operación de la ley de la entropía. Soy bastante ignorante del contenido de las ciencias naturales y, a pesar de haber sido aficionado

---

11 Ver J.R. Hicks, "Revival of Political Economy: The Old and the New", *Journal of the Economic Society of Australia and New Zealand,* septiembre de 1975.

12 J.R.Hicks,"Evolution, Welfare and Time in Economics", *Essays in Honour of N.Georgescu-Roegen.*Toronto, 1976.

a las matemáticas, mi campo espiritual está en las humanidades, por lo cual he llegado a mi interpretación del tiempo estudiando la historia. Una de las principales consecuencias de la asimetría del tiempo y del espacio es la de dar lugar a una gran diferencia entre eventos pasados y eventos futuros. El conocimiento que tenemos o que podemos tener del pasado, es muy distinto del que podemos construir en relación con el futuro; este último no puede llegar a ser más que un conocimiento de ciertas probabilidades.

Es interesante anotar que Carl Menger en su teoría de la liquidez fue capaz de entender, casi cien años antes de Keynes, que la demanda por dinero está enmarcada dentro de un tipo mucho más general de comportamiento. Es en realidad un mecanismo para asegurarse contra un futuro incierto. El problema de la liquidez es ciertamente un aspecto de una economía que se mueve a través del tiempo.

Diría que la teoría de Keynes tiene una parte en la cual el tiempo está incorporado en una forma explícita y otra en la cual ello se hace en forma estrictamente estática. La sección que trata sobre la eficiencia marginal del capital y la función de la preferencia por la liquidez está indudablemente concebida en el tiempo. Pero hay otra parte, la teoría del multiplicador, que está fuera del tiempo. Esta última parte está elaborada en términos de curvas de demanda, curvas de costos y curvas de oferta, las viejas herramientas de la economía del equilibrio.

Estoy de acuerdo con su afirmación de que el procedimiento del diagrama IS-LM redujo toda la *Teoría general* a un esquema de equilibrio general. Estoy consciente de que esta forma de presentar las ideas de Keynes es, en realidad, un poco artificial. La teoría del crecimiento, desde Von Neumann, ha sido la escena de un grado exagerado de "equilibrismo". Los teóricos que intentaron ir más allá de Keynes sólo lograron retroceder. Esto fue una consecuencia directa de la invención del estado estacionario.

Me parecen pertinentes sus comentarios sobre la conexión entre la *Teoría de la probabilidad* de Keynes y su *Teoría general*. Esa línea de investigación podría ser muy fructífera. La razón por la cual quiero volver a la economía más consciente del tiempo es la de que, al hacerlo así, ésta se acerca más a la realidad humana. Las invenciones y los descubrimientos son los que hacen la historia interesante. Solamente lo que ocurra en el futuro, antes de que la humanidad se destruya a sí misma, o antes de que nos estanquemos en un equilibrio aterrador, nos da esperanza e interés en el futuro.

En relación a la aplicabilidad actual de la teoría keynesiana del empleo, no afirmaría que esta teoría es falsa sino, más bien, incompleta. Keynes estaba preocupado por el desempleo involuntario (como lo denominó), o sea un tipo de desempleo que surge como consecuencia de una ausencia de demanda efectiva. Creo que la distinción de Keynes entre empleo voluntario e involuntario no es muy útil. En el momento en que los sindicatos demandan un determinado nivel de salarios puede haber desempleo por razones que Keynes llamaría voluntarias: distorsiones, rigideces, etcétera.

D.P.: Hayek[13] continúa su análisis afirmando que el primer paso para resolver el problema del estancamiento económico con inflación (*stagflation*) sería el de frenar las tasas de aumento en la cantidad de dinero. Para él, el objetivo fundamental de la política económica debía ser la estabilidad en el valor de la moneda y no el pleno empleo. Supongo que usted no estaría de acuerdo con él, ya que ha rechazado, al menos parcialmente, la explicación y los razonamientos de la escuela monetarista (me estoy refiriendo a su artículo de 1974 publicado en la *Lloyds Bank Review*). Tengo dos comentarios sobre su posición: 1) ¿Estaría de acuerdo con Hayek en que una política de ingresos y salarios solamente escondería los efectos de la inflación y llevaría gradual pero inevitablemente a un sistema totalitario? 2) ¿Hasta qué punto tendría razón Harry Johnson[14] cuando afirma que usted olvidó en su artículo la diferencia entre una tasa de cambio fija y una flexible, por una parte, y por otra, que no distinguió los efectos diferenciales entre un mundo externo inflacionario y uno estable?

P.H.: En cuanto a su pregunta sobre la explicación monetarista, quisiera decir lo siguiente: la tesis monetarista es incompleta y no falsa. Creo que se pueden señalar tres causas fundamentales de la aceleración de los precios en el mundo industrializado en años recientes: 1) No hay duda de que la crisis de las materias primas 1972-1973 tuvo un efecto importante en aumentar los precios al consumidor. 2) La "flotación" general de las monedas pudo haberse traducido en efectos que operaban en la misma dirección. 3) Aun antes de la crisis de las materias primas y antes de introducirse la flexibilidad en las tasas de cambio, existía una tendencia de los precios a aumentar. Para mí es claro que durante los últimos 20 años ha habido

---

13 F.A. Hayek, "Full Employment at any price?" IEA, Londres, 1975.
14 H. Johnson, "What is right with monetarism?", *Lloyds Bank Review*, abril de 1976.

una presión inflacionaria subyacente, que la crisis de las materias primas y la "flotación" de las monedas simplemente agravó. Pero lo importante es observar el hecho de que esta presión inflacionaria no puede explicarse fácilmente haciendo referencia a una teoría que atribuye la situación al déficit de balanza de pagos de los Estados Unidos; tampoco creo que la inflación puede entenderse haciendo referencia exclusivamente a un aumento en la cantidad de dinero.

D.P: El tema relacionado con las fluctuaciones y los ciclos económicos continúa siendo un tema de análisis y de preocupación por parte de los teóricos y del público. Es evidente que un mejor entendimiento por parte de quienes diseñan política económica, sobre las causas del comportamiento cíclico de los sistemas económicos, es crucial para formular políticas efectivas de estabilización. Varias categorizaciones de las teorías del ciclo económico existen en la actualidad: Gordon (1961), Haberler (1964), Mass (1975). Sin embargo, la característica esencial que todos estos modelos tienen en común es que explican las fluctuaciones en el nivel de la actividad económica mediante variaciones en el nivel de la formación de capital fijo. Esto no es sorprendente si se tiene en cuenta que el mismo Keynes planteó la tesis de que el ciclo económico se relaciona con la forma en que fluctúa la eficiencia marginal del capital.

Sería muy interesante si pudiera comentar los siguientes planteamientos: 1) Las teorías que destacan la formación de capital parecen ser de poca utilidad para entender las causas de ciclos económicos cortos, aun cuando pueden suministrar elementos de juicio para comprender las causas de movimientos cíclicos de mediano plazo; como Abramovitz ha señalado, la variación de la inversión en capital fijo puede no ser la causa de ciclos de corta duración, ya que éstos presentan rezagos largos en la formación de capital y en la depreciación. 2) Las teorías principales (Harrod, Hicks, Samuelson, Goodwin, Tinbergen y Kaldor) explican las fluctuaciones en el nivel de demanda por medio de un mismo mecanismo, pues todas las fluctuaciones son tratadas de la misma forma y no se hace hincapié en las diferencias. Teniendo en cuenta la experiencia del mundo occidental, en cuanto a ciclos económicos se refiere, ¿no le parece tal vez demasiado ambicioso el buscar explicaciones monistas de todas las fluctuaciones del nivel de ingreso de los países? 3) ¿Piensa construir su propia teoría del ciclo económico teniendo en cuenta la tesis planteada por usted sobre la crisis en el sistema keynesiano? 4) Su modelo, lo mismo que el de Harrod, está caracterizado por un nivel de inestabilidad que parece extremo; ¿no cree que la prueba empírica de la época de la posguerra, que señala un crecimiento continuo y estable contradice su teoría, o que las grandes recesiones han sido producidas por diversos, factores y no necesariamente por el mismo conjunto de fuerzas?

P.H.: La teoría del acelerador, influenciada profundamente por Keynes, fue la base para la construcción de mi modelo de ciclo económico. Creo que la versión original fue demasiado elaborada y he formulado mi posición actual en un nuevo trabajo.[15] Tuve el cuidado de dejar un lugar para la influencia de variables monetarias, pero buena parte del modelo no tiene en cuenta la moneda y no le pone mucha atención a los precios.

En su forma más simple, el modelo del acelerador es muy violento; demasiado violento para que tenga aplicabilidad. Si el ahorro se relaciona con la producción, y la inversión con el crecimiento del producto, la igualdad entre ahorro e inversión nos da: $SY = cgY$; por lo tanto, $S = cg$ (la ecuación de Harrod) es la condición de equilibrio del sistema. No me gustó este esquema porque, como usted lo comentaba, se traduce en un equilibrio intrínsecamente inestable. No hay ningún factor en la operación de este modelo que frene una fluctuación hacia abajo, hasta que el sistema se acerca a un colapso total. Por consiguiente, si se buscaba representar la realidad con el modelo del acelerador, había que modificarlo o suavizarlo. Por esta razón decidí introducir dos "variables amortiguadoras" (*coolants*), lo cual me llevó en una primera instancia a introducir rezagos, dado el hecho de que estamos enfrentados a un ajuste instantáneo tan explosivo. Mi segunda variable amortiguadora o suavizadora fue la inversión autónoma. Admití la existencia de inversión que no está influenciada directamente por el nivel de la producción actual, ya sea de corto o de largo plazo. Estas modificaciones fueron hechas con el objetivo de una posible aplicación histórica.

Cuando usted pregunta si las grandes depresiones han sido producidas por varios tipos de factores perturbadores, contestaría de modo afirmativo y diría que es precisamente la incorporación de la inversión autónoma la que permite introducir distintas causas.

Se pueden distinguir por lo menos dos tipos de inversión autónoma. La primera es la que surge de innovaciones tecnológicas. La

---

15 J.R. Hicks, Economic Perspectives: Further Essays en Money and Growth, Londres, 1977.

segunda es la inversión pública, cuyo nivel depende naturalmente de decisiones de política económica. Pero estas variables amortiguadoras no son las únicas. Dos variables adicionales que no mencioné en mi libro deben ser consideradas. Una es la no-linealidad, es decir, el rechazo de la proporcionalidad planteada por Harrod entre la producción y el consumo. La otra, y tal vez más importante, es la modificación que debe hacerse al principio del acelerador. ¿Por qué debe la inversión postularse como una función del ritmo de crecimiento de la producción actual aun teniendo en cuenta un rezago? Esto solamente tiene sentido si un aumento en la producción requiere un incremento de la capacidad instalada. En este contexto se debe poner el énfasis sobre el concepto de elasticidad de la capacidad.

Debo aclararle, sin embargo, que si el modelo del acelerador se modifica en la forma expuesta, cambia su carácter. Deja de ser un modelo matemático como el que podría utilizarse para formular una hipótesis econométrica. Las matemáticas (o algunas ramas de esta disciplina) ha suministrado algunos ejercidos que iluminan ciertos problemas, pero no pueden aplicarse en su estado actual de desarrollo.

D.P.: Creo que usted nos podría iluminar un poco en el análisis de la economía inglesa actual. Es claro que en un breve espacio es muy difícil resumir y evaluar el desempeño de la economía de su país desde la Segunda Guerra, pero la experiencia británica es muy interesante para un país como Colombia en el cual se piensa que vale la pena tratar de aprender lecciones de los demás.

En comparación con otras naciones industriales, la evolución económica de Inglaterra durante la posguerra no ha sido muy satisfactoria. En este período la participación del país en el mercado mundial de manufacturas ha caído en más de 50 por ciento, y lo mismo ha pasado con el valor externo de la libra esterlina. La producción *per capita* es relativamente baja si se compara con la de Francia o la de Alemania Occidental. ¿Cuáles podrían ser las causas de lo que ha sido llamado la caída y la decadencia de Inglaterra? 1) *¿Tecnológicas*, en el sentido de que las técnicas son obsoletas si se comparan con los sistemas de producción norteamericanas? 2) *¿Psicológicas*, en el sentido de que la gente ha desarrollado una preferencia marcada por el ocio frente al trabajo? 3) *¿Sociales*, en el sentido de que el sistema educativo no está orientado hacia el crecimiento económico? 4) *¿Institucionales*, en el sentido de que la política económica no ha sido la apropiada y el sector público se ha expandido más allá de su nivel "óptimo"? El caso de la industria del acero, con sus sucesivos procesos de nacionalización, desnacionalización y renacionalización, ¿no es síntoma inequívoco de la falta de estabilidad de la política de gobierno? 5) *¿Ecológicas*, en el sentido de que ya que hay una serie de factores que están frenando el crecimiento?

P.H.: Una forma rápida de definir mi posición sobre el particular podría ser la de decir que comparto las ideas de W. Eltis,[16] cuando escribe sobre el fracaso de la sabiduría keynesiana convencional y debate con el profesor lord Kahn de la Universidad de Cambridge. La política económica británica de los últimos 25 años destruyó la rentabilidad de la industria. El gobierno se apropió de una porción muy grande del producto nacional bruto y el tamaño del sector público sobrepasó cualquier nivel "óptimo" que pudiera pensarse. La actitud oficial de no dar importancia a las consecuencias de los déficit fiscales, y la indiferencia hacia la inflación, han tenido efectos muy adversos.

D.P.: Pero, ¿no se podría decir que el estancamiento del progreso científico fue una de las causas primordiales para una evolución económica tan lenta? A mí me parece sorprendente y paradójico observar que Inglaterra todavía tiene el liderazgo científico mundial en algunas áreas (biología molecular, por ejemplo) y que a pesar de esto sus técnicas son descritas como obsoletas. ¿No será que existe una tendencia a no apoyar descubrimientos científicos aplicables o que se está presentando un rezago largo entre la aparición de un invento y su aplicación en la industria?

P.H.: No pretendo saber nada sobre este punto, pero déjeme contarle que quedé muy impresionado por la historia de la industria química imperial. Alemania tenía el liderazgo en esta área desde que se adelantó a los demás países en 1914; por ese entonces, los alemanes le propusieron una inversión conjunta (*joint-venture*) a la empresa inglesa que estaba en esa área de producción, operación que se llevó a cabo. Pero todo esto resultó ser muy complicado y fue necesario planear un divorcio en un país neutral (Holanda). Desde la década de los años veinte los alemanes fueron los líderes, pero, en los años cincuenta, la situación cambió radicalmente. La empresa inglesa se

---

16 W. Eltis, "The Failure of Keynesian Conventional Wisdom", *Lloyds Bank Review*, 1976.

transformó y una gama muy variada de productos fue incorporada. A partir de este momento, el desempeño de la empresa fue muy satisfactorio y sus productos ampliamente competitivos a nivel internacional. Ahora bien, este tipo de fenómeno no ha vuelto a ocurrir. Tengo la convicción de que esto se debe fundamentalmente a la política económica del gobierno. Si existe un rezago entre los descubrimientos científicos y su aplicación en la industria, esta situación se explica por las medidas del gobierno que eliminaron los incentivos para aumentar la eficiencia y mejorar las técnicas de producción.

D.P.: Cuando se leen los planteamientos presidenciales ante la Sociedad Real de Economistas (*Royal Economic Society*) y la Asociación Americana de Economistas (*American Economic Association*) en los últimos años, queda la inevitable impresión de que hay gran descontento respecto al estado presente de la teoría económica. ¿Usted considera que existen en la actualidad una serie de fenómenos que no se pueden acomodar a las categorías tradicionales? ¿En otras palabras, sería usted de la opinión de que existe una buena distancia entre las construcciones teóricas y los eventos del mundo real?

P.H.: Es muy difícil contestar su pregunta. Todo lo que puedo decir es que los países industrializados cometieron un gran error durante los años sesentas al asumir que la oferta de productos primarios era elástica y que podríamos planear un universo en expansión, sin considerar limitaciones importantes. Estoy escribiendo un libro que tiene relación con este tema y que será publicado próximamente.

La característica más sobresaliente de la evolución del sistema económico mundial en las últimas décadas ha sido la del desequilibrio entre la oferta de productos industriales y la oferta de productos básicos. Los términos de intercambio, como todos sabemos, se han movido a favor de estos últimos. Esta situación ha creado grandes expectativas de crecimiento en casi todas partes del mundo. Pero, a menos que sea posible desarrollar formas industriales que no sean dependientes de productos básicos, el intento por industrializarse de los países en desarrollo va a agudizar la competencia de recursos escasos. Aun si pudiéramos imaginar un gobierno mundial con el poder y los medios para industrializar el mundo, muy pronto se llegaría al problema de su incapacidad para lograr este objetivo sin reducir el estándar de vida de los países de la OCDE, los cuales resistirían con todos los medios a su disposición una medida de tal naturaleza.

D.P.: Creo que se podrían derivar dos corolarios de su planteamiento: 1) La forma y la estructura de la distribución internacional del ingreso no se puede modificar fácilmente. 2) Sólo unos pocos países en desarrollo van a ser capaces de alcanzar un alto grado de industrialización, a menos que se produzca un cambio tecnológico que amplíe en una forma considerable las fuentes de abastecimiento de materias primas. Por otra parte, es cierto que los términos de intercambio han sido favorables últimamente para los productos básicos, pero no se puede descartar que este movimiento a favor sea temporal, ya que los países industrializados tienen suficiente poder de negociación para contrarrestar una disminución importante de su nivel de vida, a través de una inflación de costos en el sector manufacturero.

P.H.: Estoy convencido de que en las circunstancias actuales solamente unos pocos países en desarrollo van a ser capaces de industrializarse. Siempre he estado interesado en la historia económica comparativa de Australia y Argentina. El análisis de la experiencia de estos dos países debería servir como una lección para otros. Las dos naciones son relativamente similares en cuanto a orígenes raciales y recursos naturales se refiere. En los dos casos, uno encuentra ciudades grandes y una oposición fuerte entre los intereses del sector industrial y el sector agrícola. Pero el desempeño económico de Argentina no es tan bueno como el de Australia; Argentina estaba creciendo hasta que el conflicto entre los sectores, combinado con una política económica que discriminaba en contra de la agricultura, llevó al estancamiento. En estas circunstancias existe una extraordinaria tendencia a ponerse la soga al cuello. No conozco la situación de Colombia al respecto.

D.P.: Colombia adoptó la estrategia de sustitución de importaciones a partir de la Gran Depresión. Como resultado de ello, surgió buena parte del sector industrial actual. Sin embargo, este proceso tuvo su costo en términos del grado de discriminación que se instauró contra la agricultura, la insuficiente generación de empleo, las dificultades de balanza de pagos y el crecimiento exponencial de las ciudades. El problema de la selección de técnicas no recibió mucha atención y la elaboración de una estructura arancelaria apropiada no se hizo con base en criterios de tipo macroeconómico.

P.H.: Considero que los economistas han estado poniendo mucho énfasis sobre el problema del grado apropiado de intensidad de capital o de mano de obra. Creo que debemos empezar a hablar más bien de coeficientes energéticos y de intensidad de utilización de materias primas en los procesos de producción.

D.P.: Por lo que usted dice, supongo que estaría de acuerdo en recomendar a los economistas que incorporen en sus modelos la tasa de extracción de los recursos naturales, ya que la ley de entropía implica un proceso irrevocable de transformación de la energía.

P.H.: Creo que eso es verdad, aun cuando debe hacerse la distinción entre los límites físicos establecidos por los científicos y los efectos económicos. Estos últimos tienden a aparecer mucho antes que los primeros como en la época de Jevons, hacia 1860, cuando se discutían los problemas relacionados con la oferta de carbón. No hay que olvidar que el significado fundamental de la industrialización es la sustitución de combustibles por energía humana. El ente misterioso que con las fuentes de energía llamamos capital tiene menos que ver con el proceso de crecimiento económico.

D.P.: Soy de la opinión de que el futuro del crecimiento económico del planeta no es predecible, ya que la trayectoria del progreso tecnológico no puede definirse *a priori*. Es evidente que los nuevos inventos no pueden tener preexistencia. Por lo tanto, no existe ningún método racional para lanzar proyecciones como las que ha intentado hacer el Club de Roma.

P.H.: Estoy de acuerdo con usted en que los economistas no pueden predecir el curso futuro de la historia humana.

D.P.: En este contexto, ¿estaría de acuerdo con Schumpeter cuando plantea la tesis de que los economistas deberían concentrar sus esfuerzos en suministrar explicaciones de eventos históricos?

P.H.: Creo que ése es un aspecto importante del trabajo de los economistas. Pero considero que es importante también tratar de trabajar un poco hacia el futuro. Los economistas serios pueden, a veces, anticipar algunas de las consecuencias de adoptar determinadas políticas y estrategias económicas.

D.P.: En relación con el futuro, ¿compartiría la tesis de Keynes en el sentido que en el largo plazo estamos todos muertos y que el largo plazo es para estudiantes de pregrado?

P.H.: Debo manifestar que ése fue un comentario muy peligroso y muy irresponsable.

D.P.: Pasando a otro tema, quisiera conocer su opinión sobre el debate relacionado con el grado "óptimo" de planeación o de intervención del Estado. ¿Considera que la tendencia que se observa en los distintos sistemas económicos a converger, ha arrojado luz sobre la pregunta de en cuáles sectores se debe aplicar la planeación y con qué criterios?

P.H.: Creo que ésa es una pregunta que no se puede resolver en términos abstractos. Una planeación ambiciosa requiere una gran burocracia y eso puede llevar fácilmente a un alto grado de ineficiencia y de corrupción. Como usted me comentaba, parece haber un alto nivel de desempleo y subempleo en Colombia. Creo que los países que tienen que encarar este serio problema deberían centrar sus esfuerzos en tratar de reducirlo.

D.P.: ¿Pero cree posible reducir en una forma significativa el nivel de desempleo a través de la libre operación de las fuerzas del mercado?

P.H.: En realidad, ésa es una pregunta muy difícil de contestar, pues ningún país ha tenido un mercado verdaderamente libre. Por otra parte, es preciso tener en cuenta que las restricciones tales como las licencias de importación no estimulan la generación de empleo en todos los casos.

D.P.: Para terminar esta interesante conversación quisiera formularle un interrogante de un carácter distinto. ¿Estaría de acuerdo con Keynes en el sentido de que el mundo está gobernado por las ideas de los economistas y los filósofos políticos?

P.H.: No estoy de acuerdo. Creo que los economistas pueden ser útiles, pero no deberían tratar de ser muy ambiciosos.

BIBLIOGRAFÍA

W.Baumol, "John R.Hicks Contribution to Economics", Swedish Journal of Economics, 74, 1972.
O.F.Hamouda, *John R. Hicks, The Economist's Economist*. Oxford, Blackwell, 1993.
J.R.Hicks, *The Theory of Wages*. London, Macmillan, 1932
―――, *Value and Capital*, Oxford, Clarendon Press, 1939
―――, *Capital and Growth*, Oxford, Clarendon Press, 1965
―――, *Critical Essays in Monetary Theory*, Oxford University Press, 1967
―――, *A Theory of Economic History*. Oxford University Press, 1969
―――, "*Nobel Prize Lecture*," Nobel Foundation, 1973
―――, *The Crisis in Keynesian Economics*. New York, 1974
―――, *Economic Perspectives*. Oxford Universty Press, 1976
J.A.Kregel,(ed.), *Recollections of Eminent Economists*. Macmillan, 1988
S.Pressman, *Fifty Major Economists*. Second Edition, Routledge, 2006

III. UN DIALOGO CON EL PROFESOR NICHOLAS KALDOR

Este distinguido profesor nació en Budapest en 1908. Estudió en el mismo colegio donde se formó el célebre profesor John Von Neumann (se conocieron años más tarde en Berlin).Estudió en el London School of Economics donde conoció a los profesores Hicks y Hayek. En 1939 conoció a Keynes y unos años después se trasladó a Cambridge donde se integró al grupo de profesores de esa escuela. Tuvo muchos alumnos destacados entre ellos Amartya Sen (Premio Nobel de Economía), Leonid Hurwicz (Premio Nobel de Economía), Jadgwish Bhagwatti (uno de los grandes teóricos del comercio internacional) y Manmohan Singh (Primer Ministro de la India).

Tuve la oportunidad de asistir a sus conferencias sobre la teoría del crecimiento y de conversar varias veces con él durante mi estadía en Cambridge (1972-74). Estaba empeñado en mejorar el desempeño económico tanto de países industrializados como el de los países en desarrollo.

Lord Nicholas Kaldor fue durante muchos años Fellow del King's College y profesor de economía de la Universidad de Cambridge. Sus publicaciones incluyen: *An Expenditure Tax* (1955), *Essays on Value and Distribution* (1960), *Essays an Economic Stability and Growth* (1960), *Essays on Economic Policy*, vol. I y vol. II (1964), *Essays in Applied Economics* y *Further Essays on Applied Economics*. Fue uno de loa colaboradores de Sir William Beveridge en su célebre trabajo sobre "Pleno empleo en una sociedad libre". Entre 1947 y I949,fue director de la Comisión Investigadora de las Naciones Unidas para Europa. Fue miembro de la Comisión Real sobre impuestos entre 1951-1955. Fue asesor económico de los gobiernos de India, Ceilán (hoy Sri Lanka), Ghana, México y Turquía en la reforma de sus sistemas tributarios. Tuvo contacto con varios economistas que trabajaban en América Latina como el Profesor Lauchlin Currie de Colombia y el profesor Celso Furtado del Brasil. En 1975 fue elegido presidente de la Sociedad Real de Economistas (*Royal Economic Society*). Es considerado como uno de los grandes economistas keynesianos del siglo XX. Este diálogo se desarrolló en su casa de Cambridge, Inglaterra en agosto de 1977.

Diego Pizano: Muchas personas, incluyendo a los economistas profesionales (1)[17] consideran que la teoría económica es una disciplina muy abstracta y compleja que guarda poca relación con el mundo de la observación y de la experiencia. Sin embargo, la economía se describe normalmente como una ciencia social encargada de estudiar un aspecto muy importante de la sociedad y, por lo tanto, es de suponer que esta disciplina sea capaz de aportar bastante al entendimiento de las sociedades industrializadas y de aquellas en vía de desarrollo. Quisiera oír sus opiniones sobre dos planteamientos de carácter general antes de proceder a discutir algunos aspectos de sus interesantes contribuciones a la teoría económica:

   a) La economía ha intentado aplicar métodos científicos de análisis a los aspectos económicos de las actividades sociales. ¿Considera usted que los avances logrados en tos últimos 40 años han hecho de esta disciplina una herramienta más útil para entender el funcionamiento de nuestras respectivas sociedades?, y
   b) Cuál sería su definición del alcance de la teoría económica: ¿debe estudiar las fuerzas que gobiernan la oferta y la demanda en la vida de los negocios (Marshall), o la asignación de recursos escasos cuando hay necesidades múltiples (Robbins), o los factores que determinan la distribución del ingreso (Ricardo), o la forma como opera el sistema económico al nivel macro (Keynes)?

Profesor Kaldor: El refinado sistema de la economía del equilibrio,[18] enseñado en la mayor parte de las universidades del mundo occidental, se ha convertido en un gran obstáculo para el desarrollo de la economía como una ciencia. Los economistas norteamericanos de la escuela matemática de la posguerra han sido los responsables de la formulación y aclaración del tipo de postulados que se requieren para establecer sus conclusiones y sus implicaciones. Ahora bien,

---

17 Los números entre paréntesis se refieren a la bibliografía al final del diálogo.
18 Los sistemas de equilibrio general (*SEG*) fueron desarrollados inicialmente por L. Walras en el siglo pasado, con el propósito de capturar una característica de la estructura de la economía, cual era la interdependencia entre los precios de todos los bienes. Este informe contrasta con el método del equilibrio parcial adoptado por A, Marshall que, al analizar la economía de un bien, supone que los precios de todos los demás permanecen constantes (condición *caeteris paribus*). El sistema de equilibrio general se representa normalmente por un conjunto de ecuaciones simultáneas que se deben resolver para encontrar los precios de todos los insumos y los productos de la economía.

para contestar su primera pregunta, yo diría que los resultados de este gran ejercicio abstracto han hecho de esta formulación teórica una herramienta menos útil en relación con lo que era su versión más primitiva. No ha habido progreso en la teoría económica tradicional[19] en las últimas décadas. El periodo de la posguerra ha sido más bien su periodo de contrarreforma. Después de la década de los años treinta, cuando las doctrinas tradicionales fueron sometidas a un fuerte ataque como resultado de la aparición de la economía keynesiana y de las teorías de la competencia imperfecta, los teóricos tradicionales resolvieron eliminar los efectos de esta revolución intelectual llevando a un extremo el refinamiento de los esquemas de equilibrio general.

En relación con el alcance de la teoría económica, yo diría que la esencia de la economía no debe verse como un problema de asignación de recursos. La complementariedad esencial entre los distintos factores de producción (entre capital y trabajo, por ejemplo) y entre distintos sectores (tales como el primario, secundario y terciario) es mucho más importante que los aspectos de sustitución en los cuales tanto insisten economistas como Marshall y Robbins.

D.P.: Si entendí bien su planteamiento, usted estaría afirmando que el concepto de la elasticidad de sustitución[20] no es relevante en absoluto.

P.K.: El principio de sustitución es, ciertamente, el más importante de los principios de la teoría neoclásica. Sin embargo, creo que es precisamente este principio lo que hace la teoría del equilibrio tan estática y tan falta de vida. Este enfoque está encaminado a "explicar" la formación de un conjunto de precios de equilibrio que son el resultado de varias interacciones económicas; por lo tanto, no puede considerar el sistema de precios como el conjunto de señales que inducen *cambios* en vez de *estados estacionarios*.[21]

---

19 Por teoría económica tradicional el profesor Kaldor entiende la escuela neoclásica y no la keynesiana.
20 La elasticidad de sustitución se define como el cambio proporcional en el cociente de insumes atribuible a un cambio proporcional en la tasa marginal técnica de sustitución. Si la elasticidad de sustitución es igual a cero, tenemos una función de producción de coeficientes fijos (no hay posibilidades de sustituir capital por trabajo).
21 Kaldor está afirmando que lo que es interesante del sistema de precios es que induce cambios en la estructura económica (lo que él llama función creativa de los mercados), y no le parece importante la función de asignación que lleva a una situación que tiende a mantenerse (definición del equilibrio en la teoría neoclásica).

D.P.: No sé hasta qué punto usted está quejándose del grado de abstracción de la teoría tradicional. Si el método deductivo que ha seguido la teoría tradicional no es el más apropiado según usted, ¿no se podría decir que las teorías de personas como Joan Robinson, Piero Sraffa o las suyas sufren del mismo problema?

P.K.: Tengo la firme impresión de que los modelos matemáticos abstractos no conducen a ninguna parte. Asimismo, se ha venido reconociendo que los ejercicios econométricos no ayudan mucho. En realidad, el desarrollo de refinados métodos de inferencia estadística no puede cumplir la función de suministrar un marco conceptual realista de cómo opera un sistema económico. Sin embargo, debo aclarar, desde el comienzo de esta discusión, que mi crítica fundamental a la teoría del equilibrio no está relacionada con el hecho de que sea abstracta. Todas las disciplinas científicas son abstractas porque no puede haber análisis racional sin abstracción. El problema es que los sistemas de equilibrio general (SEG) están montados sobre un conjunto de supuestos abstractos equivocados y, en consecuencia, ofrecen una visión errónea y distorsionante de la forma como opera una economía de mercado.

D.P.: Algunas personas que han estado vinculadas a la controversia sobre la teoría del capital entre Cambridge y MIT dan la impresión, en sus escritos, de que el punto más débil de la teoría neoclásica está relacionado con la posibilidad del redesplazamiento de técnicas (*reswitching of techniques*)[22]. A pesar de esto, tengo la impresión de que otros supuestos tales como la posibilidad de la perfecta anticipación del futuro (*perfect foresight*), y la existencia de rendimientos crecientes a escala, pueden ser mucho más importantes desde el punto de vista lógico y empírico, en el sentido de que restringen el poder explicativo de estos modelos más que cualquier otro supuesto.

P.K.: Algunos de mis colegas de esta universidad consideran que hay una objeción lógica (la dificultad de medir la cantidad del capital) que hace a la teoría neoclásica especialmente irrelevante. Pero estoy de

---

22 Este problema se refiere *a* la dificultad de especificar una asociación única entre la relación agregada capital-producto y los precios relativos de los factores. Este tema ha sido central en los debates entre la Universidad de Cambridge y el MIT y está ligado a la discusión sobre la medición del capital y a la influencia de la tasa de interés en la determinación del grado de mecanización de las técnicas utilizadas en los procesos productivos.

acuerdo en que existen objeciones mucho más importantes. Entre éstas, la existencia de rendimientos crecientes en las funciones de producción (fenómeno totalmente excluido del esquema neoclásico) tiene efectos de mucho impacto. Nadie ha sido capaz de incorporar este aspecto en los SEG, ya que se produce el colapso total del sistema.

D.P.: Con referencia al problema de las funciones lineales, quisiera señalar que el profesor ruso L. Kantorovich (Premio Nobel), ha estado trabajando últimamente en el campo de la planeación óptima. En uno de sus últimos ensayos (2), afirma que la condición necesaria y suficiente fundamental para un plan óptimo es la existencia de un sistema de precios sombra que se encuentra al resolver el dual de un problema de programación lineal.[23] Está consciente del problema de la ausencia de convexidad en las funciones de producción debido a las economías de escala, y recientemente ha propuesto un modelo de periodos múltiples para una economía nacional, diseñado para alcanzar los niveles de optimización a través del tiempo y teniendo en cuenta los rendimientos crecientes.

P.K.: No veo cómo puede él relajar el supuesto de la linealidad de las funciones de producción.

D.P.: Su procedimiento consiste en descomponer las funciones de costos que no son lineales en segmentos lineales y luego considerar cada segmento como un ingrediente separado del plan.

P.K.: Ese procedimiento es evidentemente más interesante que el método norteamericano de relajar el supuesto que consiste en asumir que las curvas de costos tienen forma de parábola y que a partir de determinada escala de planta uno encuentra costos crecientes; sin embargo, eso no es lo que yo considero relajar el supuesto de rendimientos constantes. Cuando uno relaja este supuesto, el mismo concepto de equilibrio se derrumba, ya que las fuerzas[24] que inducen

---

23 Kantorovich utiliza el análisis de actividades, que aplica las técnicas de la programación lineal a los *SEG*. Este profesor recibió el Premio Nobel en 1975 conjuntamente con el profesor Koopmans por sus aportes en esta área. Véase T. Koopmans, *Activity Analysis of Production and Allocation*, Nueva York, 1951.

24 La existencia de rendimientos crecientes a escala cambia el comportamiento de los agentes económicos. En particular el de los productores, quienes deben aumentar su escala de planta para maximizar ganancias; al aumentar su participación en el mercado se llega a una situación de competencia imperfecta, o de oligopolio, en la cual el concepto de equilibrio único y estable pierde validez.

al cambio se vuelven *endógenas* y no son consideradas como *shocks* externos que mueven la posición de equilibrio del sistema como asumen los neoclásicos.

D.P.: ¿Hasta qué punto el camino abierto por las teorías de la competencia imperfecta de los años treinta superan algunas de las dificultades que usted ha mencionado? Soy un poco escéptico en cuanto al alcance de la teoría de Joan Robinson, ya que no considera el caso del oligopolio, crítica que ella aceptó en una discusión reciente que tuvimos. (3)

P.K.: Esas teorías no han sido integradas en los SEG, ya que tienen un impacto destructivo. Esas doctrinas han sido olvidadas gradualmente y las formulaciones más recientes ignoran su existencia.

En cuanto al libro de Joan Robinson, escribí una reseña crítica hace muchos años sobre él (4) en la cual afirmaba que su esfuerzo constituía un avance significativo en la teoría económica; sin embargo, estoy de acuerdo en que ella omite el caso del oligopolio, y ésa es una debilidad importante del trabajo.

D.P.: Recientemente se han elaborado varios trabajos en el campo de la teoría del oligopolio (5) que están todavía en su infancia pero que han iluminado un poco el problema.

P.K.: Considero que no tenemos ninguna teoría del oligopolio que nos explique adecuadamente cómo se determinan los precios en la industria. Nadie tiene una idea clara de cómo opera la competencia en circunstancias en las cuales cada productor se enfrenta a un mercado limitado en relación a sus ventas y, sin embargo, tiene que considerar un mercado altamente competitivo en relación a los precios.

D.P.: Soy de la opinión de que la teoría de juegos de Von Neumann y los nuevos desarrollos de la teoría de la negociación han abierto campos novedosos de investigación que deben ser explotados mucho más.

P.K.: Nadie ha podido demostrar que alguna proposición de la teoría de juegos tenga relación, por ejemplo, con la determinación de los precios de los automotores en los Estados Unidos. Esta conexión no ha podido ser establecida al nivel empírico.

Por las razones que he expuesto y que están empleadas en dos trabajos recientes (6) no creo que los SEG constituyan el enfoque adecuado para entender un sistema económico descentralizado.

D.P.: ¿Pero no se podría considerar que los SEG son un instrumento heurístico, en el sentido de que uno tiene que comenzar con los casos más sencillos? Recordemos que Newton comenzó su trabajo teórico en el campo de la mecánica celeste asumiendo que los planetas eran masas puntuales. Una vez resuelto el problema en este caso, procedió a considerarlos como esferas de densidad uniforme y luego como esferas aplanadas de densidad no uniforme. No estoy afirmando que la economía debe seguir el método de la mecánica celeste (el sueño de Walras) sino que, si queremos una descripción del estado estacionario o del equilibrio general del sistema económico general, debemos empezar por considerar un caso ficticio en el cual quepa al menos esperar respuestas y luego podemos relajar supuestos restrictivos para enfrentarnos a casos más complicados.

P.K.: El problema con los SEG es que uno tiene que mantener el conjunto total de axiomas. Si trata de levantar cualquiera de los supuestos claves, el sistema total sufre un colapso mortal. Como ya mencioné, si uno deja de asumir rendimientos constantes a escala, el sistema no puede sobrevivir.

D.P.: Recuerdo que el profesor Hahn en su conferencia inaugural[25] (7) en esta universidad, dijo que era posible incorporar el caso de los rendimientos crecientes en el esquema de equilibrio bajo ciertas condiciones.

P.K.: La posición de Hahn no tiene lógica alguna. El simplemente declara que es posible incorporar economías de escala cuando éstas no perturben el sistema porque no son relevantes. Pero nadie ha sido capaz de mostrar cómo integrar rendimientos crecientes cuando éstos son efectivos.

D.P.: Estaba pensando en qué tan importante son las economías de escala desde un punto de vista empírico. Dos estudios se me vienen a la mente en este momento. El primero es el de Denison sobre las

---

25 Cuando un académico es nombrado "profesor", debe preparar una conferencia para inaugurar su cátedra. El titulo de "profesor" solamente lo tienen los académicos más sobresalientes.

causas de los diferenciales de las tasas de crecimiento de los países industrializados (8). El segundo es de Pratten sobre la importancia de las economías de escala en el sector manufacturero inglés (9). Estos dos estudios concluyen que los rendimientos crecientes son importantes desde el punto de vista empírico; sin embargo, no tengo claro cómo separan los efectos del progreso técnico de los efectos del aumento de la escala de planta.

P.K.: Al nivel empírico, creo que uno puede afirmar, sin la menor duda, que en el sector industrial los rendimientos crecientes dominan el panorama. Siempre y cuando los problemas de la construcción puedan ser resueltos, un aumento en el tamaño de una empresa lleva normalmente a costos unitarios decrecientes, ya que la capacidad adicional aumenta más rápidamente que los costos de construcción. Por lo tanto, es muy claro que los costos de planta por unidad de producción decrecen necesariamente con el tamaño en actividades tales como fábricas de acero, petroquímicas y generadores de electricidad. Existe un volumen creciente de estadísticas sobre la importancia de las economías de escala que hace que la indiferencia de los teóricos hacia ellas sea un escándalo intelectual. Adicionalmente al trabajo de Pratten que usted ha mencionado, el manual del Centro de Desarrollo de la OCDE sobre proyectos industriales contiene un anexo con prueba de grandes economías de escala en casi todos los sectores industriales importantes.

Con referencia a la distinción empírica entre rendimientos crecientes y progreso técnico estoy de acuerdo con su planteamiento. En un trabajo que publiqué hace tiempo en los *Oxford Economic Papers* (10) he argumentado que no hay forma de distinguir estos dos fenómenos.

D.P.: ¿Cómo conectaría usted este debate sobre los SEG y su aplicabilidad con otro debate actual que está relacionado con el alcance y las limitaciones de la planeación económica? Tengo la impresión de que los constructores de los SEG se inclinan a creer en las bondades de la mano invisible, mientras que las personas conscientes de las debilidades que usted ha expuesto están buscando un mayor grado de centralización en las decisiones económicas.

P.K.: No creo que se trate de debilidades del sistema; estoy de acuerdo en que existen, pero el problema fundamental es determinar cómo opera el sistema económico. Creo que el modelo walrasiano no nos ilumina en relación a la naturaleza y a la operación de las fuerzas económicas. Por lo tanto, tenemos que construir un esquema teórico alternativo con un mayor valor de interpretación de la realidad. De estos esfuerzos, no se puede derivar, necesariamente, una posición clara sobre el problema de la planeación económica.

D.P.: ¿Quiere usted decir que uno no puede derivar conclusiones de política económica de estos esfuerzos teóricos?

P.K.: A veces sí, a veces no; no se puede saber *a priori*. Pensando en términos del modelo de dos sectores en que estoy trabajando, puedo decir que una de las principales conclusiones a las cuales he llegado hasta ahora es la de que es deseable estabilizar los procesos de los productos básicos, ya que éste es el verdadero freno al desarrollo de la economía mundial y no las cantidades de capital y trabajo. El capital se crea automáticamente al aumentar la producción industrial. El factor trabajo es muy abundante en las circunstancias actuales de la economía mundial. Aún más, no puede existir nunca una asignación óptima de los recursos laborales; aun si toda la mano de obra está empleada, uno puede siempre aumentar la productividad a través de un proceso de redistribución de actividades. Y, por lo tanto, uno no puede distinguir entre un aumento de la oferta de trabajo y un aumento de la eficiencia de la mano de obra vía reasignación. Los neoclásicos asumen que no se puede obtener mayor productividad del trabajo mediante este procedimiento y, por lo tanto, para ellos la única opción para aumentar la producción en el corto plazo está dada por un incremento en la oferta de trabajadores, y esto no se cumple en la realidad. Siempre hay sectores que están creciendo en una forma más dinámica que otros y al trasladar mano de obra de sectores estancados hacia ellos mejora la productividad de este factor.

La distinción entre cambios en la eficiencia con que son utilizados los recursos y cambios en su dotación se vuelve muy discutible. No puede existir una asignación óptima de recursos como la concebía Pareto. Y no puede existir porque el mundo está en un desequilibrio constante; nuevas tecnologías y procesos productivos continúan apareciendo y no tiene sentido asumir que la economía se encuentra en un estado en el cual tiende a permanecer.

D.P.: Más adelante comentaré su modelo de los dos sectores, pero déjeme decir antes que aun si no es posible definir la optimalidad a la manera de Pareto en un contexto dinámico, el concepto de costo de oportunidad me parece a mí razonable. Creo que éste es un concepto que uno debe tener en cuenta cuando está diseñando una estructura arancelaria o una estrategia de promoción de exportaciones en un país en desarrollo.

P.K.: Bueno, yo aceptaría que existen algunos usos legítimos del concepto de costo de oportunidad, y en mi batalla contra los SEG me he concentrado en los usos ilegítimos. La economía solamente puede verse como un mecanismo para la asignación de recursos escasos entre usos alternativos en la consideración de problemas de corto plazo donde el esquema de la organización social y la distribución de los recursos disponibles puede ser tratado como una herencia del pasado y no hay ningún impacto de las decisiones actuales sobre los desarrollos futuros. La teoría económica se extravió cuando centró su atención en las funciones de asignación de recursos de los mercados, excluyendo sus funciones *creativas* que son mucho más importantes, ya que sirven de instrumento para trasmitir cambios económicos.

D.P.: Si la teoría económica tradicional (y esto se aplica a otras escuelas de pensamiento también) no puede hacer predicciones no triviales en relación a la actividad económica, yo preguntaría: ¿es la planeación económica posible? Algunas personas han postulado leyes económicas tales como la ley de la distribución del ingreso constante de Pareto, la ley de la tasa de ahorro privado constante de Denison, la ley de la participación fija del gasto público de Clark, la ley de la tasa decreciente de ganancia de Marx, la función de consumo de Keynes que, según él, está basada en una ley psicológica, etc. Sin embargo, creo que es imposible postular estas leyes y hacer predicciones de largo plazo en la economía, ya que el cambio económico está influenciado en un grado muy importante por los cambios en el conocimiento, y el futuro flujo de ideas no puede conocerse en el presente. Considero que una de las razones que explican el fracaso de la planeación en Latinoamérica es la ausencia de claridad sobre las limitaciones de las proyecciones económicas de largo alcance. Los funcionarios no son necesariamente omniscientes y, además, ¿quién va a planear a los planeadores? En resumen, tengo la impresión de que su ataque a los SEG lo podría llevar a uno a la conclusión de que la mano invisible no garantiza una asignación óptima de los recursos productivos y que, por lo tanto, la única opción es la planificación central. Pero creo que la mano visible tiene varias limitaciones que en algunos casos pueden superar las de la mano invisible.

P.K.: El tipo de plantación indicativa que se ha aplicado en América Latina ha sido ciertamente un fracaso; sin embargo, sostengo que una intervención gubernamental bien planeada puede acelerar el desarrollo económico. Si los instrumentos de política económica se coordinan en una forma adecuada, pueden alcanzarse distintas combinaciones de objetivos macro económicos con cierto grado de racionalidad.

D.P.: He estado pensando en la aplicabilidad de los distintos modelos teóricos de crecimiento económico a la realidad de los países en desarrollo. Tal vez podría discutir un poco este punto haciendo referencia a sus propios modelos.[26] Primero que todo, ¿por qué asume usted que existe pleno empleo y que la economía alcanza un equilibrio en el largo plazo si considera que el mundo se encuentra en un profundo desequilibrio?

P.K.: Estoy de acuerdo en que esos axiomas no son realistas; sin embargo, son supuestos necesarios para la elaboración de un modelo de un sector.

D.P.: ¿Por qué asume que la fuerza laboral crece a una tasa constante? No acabo de entender por qué es que los demógrafos teóricos y los economistas teóricos no han realizado un esfuerzo conjunto para introducir la experiencia acumulada del impacto del crecimiento de la población y del crecimiento del producto, y viceversa, en sus modelos. Existe ahora una literatura importante sobre la dinámica del crecimiento demográfico. El profesor A. Coale de la Universidad de Princeton, por ejemplo, ha escrito un libro (11) sobre el crecimiento y la estructura de las poblaciones humanas, utilizando como su premisa básica el teorema débil de endogenicidad del profesor colombiano Alvaro López-Toro (12). Creo que estos esfuerzos debían ser tenidos en cuenta por los teóricos del crecimiento.

---

26 Me refiero a los modelos construidos en la década de los cincuentas. Ver N. Kaldor, "A Model of Economic Growth", *Economic Journal*, 1957, pp. 591-624.

P.K.: Estoy de acuerdo con usted en el sentido de qué los teóricos del crecimiento económico consideran los fenómenos demográficos como exógenos. Sin embargo, debo aclarar que en mi modelo asumí que el crecimiento de la población depende del crecimiento económico hasta que se llega a un punto en el cual esta asociación deja de ser importante. Creo que esta aproximación era válida para Europa, con excepción tal vez del fenómeno de migración internacional.

D.P.: Un aspecto de su modelo que lo deja a uno un poco perplejo es que la relación capital-producto que usted asume no está influenciada por la tasa de ganancia como se refleja en la ecuación S = I/Y;[27] esto implica naturalmente que en la selección entre técnicas más intensivas en trabajo o capital, la tasa de ganancia no juega ningún papel, lo cual no parece ser realista.

P.K.: Yo asumo la relación inversa, es decir, que entre más alta es la tasa esperada de ganancia, mayor es el incentivo que tienen los empresarios para adoptar una técnica más intensiva en mano de obra. Esto está en conflicto naturalmente con la visión neoclásica del problema; sin embargo, el problema es que la teoría tradicional no tiene en cuenta el riesgo y la incertidumbre, y en el mundo real estos elementos llevan a economías en la inversión mediante la reducción del tiempo durante el cual los fondos se recuperan a través de las ganancias.

D.P.: En otras palabras, usted no estaría de acuerdo con recomendaciones como las del profesor Seers a mi gobierno (13) en el sentido de que es necesario cambiar los precios relativos de los factores de producción para fomentar la generación de mano de obra.

P.K: No creo que el mundo empírico apoye ese enfoque; uno puede aumentar la tasa de interés (como muchos países han hecho) y no aumenta el nivel de empleo en una forma significativa.

D.P.: El modelo de distribución de ingreso que usted propone me parece que sufre de una debilidad fundamental. Si uno introduce otro grupo de perceptores de ingreso, digamos los que viven de la

---

[27] $I/Y = dK/dY \cdot dY/dt$. $I/Y = kG = S$ (G=Tasa de crecimiento; k=relación marginal capital-producto; K=capital; I=inversión; Y=ingreso total; S=tasa de ahorro global)

renta, las conclusiones que usted deriva sobre la relación entre la tasa de ganancia y la tasa de crecimiento dejan de ser válidas.[28]

P.K.: Estoy de acuerdo en que no explico cómo se distribuyen los salarios agregados entre trabajadores de distintos grados de calificación y tampoco explico cómo se distribuyen las ganancias entre los rentistas y los empresarios. No creo que nadie haya podido explicar cómo opera la distribución a este nivel. Uno puede encontrar muchos ejemplos de diferenciales históricos en los ingresos relativos que no tienen nada que ver con las productividades marginales. La tradición establece diferenciales que se vuelven socialmente aceptables. Mi teoría solamente explica la distribución agregada y en este sentido acepto su crítica.

D.P.: Otro aspecto sorprendente de su teoría es que si los capitalistas o los trabajadores tienen éxito en entender su modelo, ellos podrían intentar apropiarse de la totalidad del ingreso si logran escoger la tasa de ahorro apropiada. Los trabajadores podrían apropiarse de la totalidad del ingreso colectivo si igualaran su tasa de ahorro a la relación inversión-ingreso escogida por los capitalistas.[29]

P.K.: Si los trabajadores deciden hacer eso, se morirían de hambre, puesto que su propensión al consumo es alta.

D.P.: Estoy consciente de eso, pero el punto que debe tenerse en cuenta es que si la distribución del ingreso está gobernada por relaciones funcionales, diferentes grupos alterarían su comportamiento en la medida en que logren entender el comportamiento global de las fuerzas económicas.

P.K.: Eso es aplicable a otros contextos también. Los compradores pueden llegar a darse cuenta de que si coordinan sus acciones pueden

---

28 $Y = W + P$
   $S = Sw + Sp$
   $I = SpP + SwW$

   (G = tasa de crecimiento, k = relación marginal capital-producto, K = capital, Y= ingreso total, S = tasa de ahorro global, I=inversión, W = Salarios P = Ganancias, S = Ahorro, Sw = Ahorro trabajadores, Sp = Ahorro capitalistas)

   Se puede mostrar que: $W/Y = Sp/Sp-Sw - I/Sp-Sw - I/Y$. Para analizar la teoría de distribución de Kaldor, ver N. Kaldor, "Alternative Theories of Distribution", *Review of Economic Studies*, 1955.

29 $I = SpP + SwW$; Si $Sw = I/Y$ se puede demostrar que $P = O$

llegar a tener un cierto poder monopsónico. En ese sentido, estoy de acuerdo con usted, la unión genera beneficios para sus miembros.

Déjeme decirle que el primer resultado concreto de mi intento de escapar de la teoría tradicional fue esta teoría macroeconómica de la tasa de ganancia que es diferente de la versión clásica y de la neoclásica. Muestra que las ganancias son generadas por los gastos empresariales en bienes de inversión.

D.P.: Hasta qué punto es éste el mecanismo keynesiano de distribución agregada que uno encuentra en el tratado de dinero de Keynes y que postula que entre mayor sea la inversión de los capitalistas mayor es su tasa de ganancias.

P.K.: A pesar de que estuve influenciado conscientemente por el tratado de dinero de Keynes, ahora me doy cuenta de que el escrito de él sobre cómo pagar la guerra (*How to pay for the war*) fue la influencia más importante.

D.P.: Pasando a analizar su función de progreso tecnológico incorporado en su modelo, tengo la impresión de que usted se lanzó a construir una función determinista del flujo de innovaciones, lo cual está en contra de la lógica del descubrimiento científico.

P.K.: No creo que sea determinista. Se trata solamente de un supuesto relacionado con el hecho de que nuevas ideas aparecen a un ritmo determinado —esto ha sido observado en un número importante de casos y considero que constituye un supuesto razonable— dado que la *función* tiene un grado importante de estabilidad.

D.P.: Algunas personas han mostrado escepticismo sobre la validez de las conclusiones de su modelo, ya que los supuestos requeridos para producir una solución estable de las ecuaciones parecen ser muy restrictivos.

P.K.: Estoy de acuerdo en que algunos de los supuestos no son muy realistas, pero las implicaciones precisas y los requerimientos para alcanzar la estabilidad han sido aclarados sólo recientemente por el profesor Champernowne (14).

D.P.: En las últimas décadas se han observado diversos esfuerzos para contrastar la visión keynesiana y la visión marxista de cómo opera el sistema capitalista (J. Robinson, Dobb, Sweezy). Estaba pensando si usted podría señalar lo que considera ser la diferencia básica entre su enfoque (basado, evidentemente, en postulados keynesianos) y el enfoque marxista tradicional.

P.K.: En 1956 tuve la oportunidad de dar una conferencia en la Universidad de Pekín. En esa ocasión traté de resumir las principales diferencias entre la economía keynesiana y la marxista en cuanto a la evolución del sistema capitalista se refiere.

Primero que todo, es cierto que el desempleo, las fluctuaciones cíclicas y la concentración de la propiedad tienden a manifestarse en un sistema de libre empresa. Pero estos rasgos no son leyes de la operación del sistema como lo asumen los marxistas; después de Keynes sabemos que con un sistema de controles adecuados y a través de una sabia intervención gubernamental podemos contrarrestar esas tendencias. Se podría decir que el análisis marxista es particularmente aplicable en la fase inicial del capitalismo, mientras que la economía keynesiana arroja mucho más luz en fases subsiguientes.

D.P.: Después de su modelo de crecimiento de 1957, usted trabajó en un nuevo modelo de crecimiento económico en colaboración con Mirrlees. ¿Cuál considera usted que fue su principal avance en esa formulación en relación a sus esfuerzos anteriores?

P.K.: El principal avance del nuevo modelo fue que hizo explícito lo que estaba implícito en los modelos iniciales, es decir, el progreso técnico fue inyectado en el sistema económico a través de la inversión y, consecuentemente, quedó implícito en la construcción de maquinaria. En esta forma se captura el fenómeno de la obsolescencia al asumir que, una vez que la tecnología ha sido instalada, la producción que fluye de ese equipo permanece constante a través del tiempo.

D.P.: Sus modelos de crecimiento y distribución dejan la impresión de que usted estaba utilizando el método de razonamiento deductivo a partir de axiomas macroeconómicos sin utilizar algunas tendencias suministradas por el mundo empírico.

P.K.: Ese comentario es acertado; me fui convenciendo gradualmente de que una aproximación más pragmática podría ser muy fructífera, y cuando estaba trabajando en el ministerio de finanzas a mediados de la década de los años sesenta, me encontré con una correlación sorprendente entre la tasa de crecimiento del sector manufacturero y la tasa de crecimiento del producto nacional. Esta asociación me sugirió que la tasa de crecimiento económico de un país depende de qué tan aceleradamente crece la producción manufacturera en relación a los otros sectores. Este fue un punto de partida importante para explicar los diferenciales de tasas de crecimiento entre países.

D.P.: Supongo que se está refiriendo a su conferencia inaugural cuando fue nombrado profesor en esta universidad. Usted utilizó una versión de la ley de Verdoorn[30] para explicar el estancamiento relativo de la economía británica. Después de la publicación de esta conferencia, varios intentos fueron hechos para examinar las bases teóricas y empíricas de sus resultados (15). Rowthorn (16), por ejemplo, argumenta que no hay prueba empírica para demostrar que su ley ha operado en el sector manufacturero británico en el periodo de la posguerra.

P.K.: Algunas personas como Rowthorn pensaron que el punto más importante de mi conferencia inaugural era que el lento crecimiento de la economía británica se debía a una escasez de mano de obra; éste no era el principal mensaje, y como lo he admitido (17) esta hipótesis no era correcta; sin embargo, esto no invalidó mis resultados relacionados con el papel tan importante que juega el sector manufacturero en determinar la tasa de crecimiento.

D.P.: ¿Cuál considera usted que es la importancia relativa de las restricciones que operan por el lado de la oferta y la demanda agregada en una economía madura como la británica en cuanto al potencial de crecimiento se refiere?

P.K.: La demanda por manufacturas y no las restricciones de oferta es lo que determina qué tan rápido crece la producción total. El reconocimiento del papel clave que juega el sector manufacturero me llevó a caer en la cuenta de que mi modelo de un sector que

---

30 En 1949 J. Verdoorn encontró evidencias para postular una relación entre la tasa de crecimiento de la productividad y la tasa de crecimiento de la producción. Ver P.J. Verdoorn. "Fatori che regolano lo sviluppo della produttivita del lavoro". *L'Industria*, 1949.

estábamos discutiendo tenía una serie de limitaciones cruciales. Los rasgos keynesianos de la economía solamente son aplicables al sector industrial. El sector primario está gobernado por otro tipo de fuerzas y su tasa de crecimiento depende del progreso de las innovaciones ahorradoras en tierra. Aún más, las economías de escala son mucho más importantes en el sector manufacturero. Dado que la industria está sujeta a lo que Myrdal llama el principio de la causación acumulativa y circular, el comercio libre tiende a aumentar las diferencias en los costos comparativos y no a reducirlas como asumen los neoclásicos.

D.P.: Me da la impresión de que se está refiriendo a la alternativa teórica que usted propuso en la Universidad de Barcelona (18). Después de leer este trabajo no me quedó claro cómo es que se determinan los términos de intercambio entre la industria y la agricultura. Usted afirma que las fuerzas que gobiernan los precios agrícolas y los industriales son independientes, pero claramente está dejando a un lado el impacto de la estructura de protección que usualmente discrimina en contra de la agricultura como se reflejó en la estrategia de sustitución de las importaciones seguida por los países latinoamericanos.

P.K.: Bueno, he estado explicando y desarrollando mis ideas en los últimos diez años, pero solamente en tiempos recientes las he considerado suficientemente maduras como para ser publicadas. Adicionalmente a la conferencia que usted menciona, preparé un trabajo, para presentarlo como presidente de la Sociedad Real de Economistas (19) que es complementario a mis conferencias de Barcelona y Harvard.

En esa oportunidad, apliqué el marco analítico del modelo de los dos sectores a la evolución reciente de la economía mundial; afirmé que el crecimiento estable de la economía mundial requiere que el crecimiento de la producción en el sector primario y en el sector industrial guarden una determinada relación entre sí; sin embargo, no hay ninguna garantía de que la tasa de crecimiento de la producción primaria proceda a la tasa requerida por el crecimiento de la producción y del ingreso en otros sectores de la economía. Con referencia a los términos de intercambio, sostengo que el precio de mercado para los productores y los consumidores que están vinculados al sector primario, está dado en un esquema competitivo como el descrito por A. Smith. En la industria, sin embargo, los precios no equilibran el mercado (*non-market clearing prices*) sino que son fijados administrativamente. Esta asimetría implica que la carga de cualquier desequilibrio entre el crecimiento de la producción primaria y el crecimiento del sector manufacturero recae en un grado muy significativo sobre el primer sector. Por otra parte, una mejora en los términos de intercambio para el sector primario no puede ser permanente, ya que el sector industrial puede contrarrestar el alza en los precios de los productos básicos mediante una inflación de costos que hace subir los precios de los bienes industriales.

En relación a la estrategia de sustitución de importaciones, yo diría que, para alcanzar un crecimiento acelerado y autosostenido de la producción manufacturera, es necesario desarrollar primero un sector básico altamente eficiente. El crecimiento del sector primario no solamente establece los límites al crecimiento sino que gobierna la tasa de crecimiento del sistema; por consiguiente, es vital organizar un sector primario fuerte y estable en cualquier economía que aspire a alcanzar altos niveles de ingreso *per capita*.

D.P.: No estoy de acuerdo con usted cuando afirma que los precios de los productos básicos se forman mediante un proceso similar al descrito por Adam Smith. Muchos bienes básicos importantes (como petróleo y cobre) son comerciados en contextos oligopolísticos y monopsonísticos, y el poder explicativo de la mayoría de los modelos econométricos deja mucho que desear.

P.K.: Bueno, tengo que aceptar que hasta el momento no he considerado la estructura del mercado; sin embargo, creo que uno puede decir que los precios de los bienes básicos se determinan en el mercado, aun si éste presenta rasgos oligopolísticos; mientras que en el caso de los precios industriales éstos son determinados por la estructura de los costos, es decir, se establecen agregando un porcentaje (*mark-up*) sobre los costos de producción que corresponde a las reservas y a las ganancias.

D.P.: Usted concluye en su presentación ante la Sociedad Real de Economistas que el problema más importante de la economía mundial en la actualidad es el de fortalecer el mecanismo de ajuste entre el crecimiento de la oferta y la demanda de productos básicos. Insiste luego en su idea de introducir mayor estabilidad en la economía internacional mediante la utilización de inventarios amortiguadores para los principales bienes. A mí me parece claro su planteamiento, pero me da la impresión de que usted está pasando por alto el hecho de que los bienes básicos difieren entre sí en una forma importante y, por consiguiente, hay que ser muy cuidadosos en la selección de un instrumento de estabilización. El proceso de selección debería estar guiado mediante la comparación del valor presente del beneficio neto social que resulta de cada instrumento. Existe un número importante de estos instrumentos tales como los contratos multilaterales, la financiación compensatoria, los fondos amortiguadores, las cuotas de exportación, etc., y cada uno tiene distintos costos y beneficios dependiendo del bien en consideración. En resumen, no estoy de acuerdo con la generalización que usted formula.

P.K.: Las cuotas de exportación podrían ser una opción a los inventarios amortiguadores; pero, como lo señalaba en un trabajo de hace ya algún tiempo (20), son difíciles de negociar y constituyen un sistema que tiende a desbaratarse por las siguientes razones: la dificultad de contar con la colaboración de todos los países productores, el fracaso en regular la producción doméstica de los países exportadores y la imposibilidad en congelar la estructura de la producción y el comercio mundiales más allá de un determinado periodo. Por estas razones, llegué a la conclusión de que los inventarios amortiguadores representan una mejor opción, como lo explico en el trabajo que preparé con Hart y Tinbergen (21).

D.P.: Todos los instrumentos de estabilización están enfrentados a problemas de diversa naturaleza; los inventarios amortiguadores, por ejemplo, tienen que considerar el problema de su financiamiento, lo cual muchas veces puede estar más allá de la capacidad de los productores y es posible que no cuente con el respaldo de los consumidores.

P.K.: Eso es correcto; por ello he pensado ligar la financiación de esos inventarios con la emisión de una moneda internacional, como los Derechos Especiales de Giro, DEG.

D.P.: Otra afirmación de su presentación presidencial que me llamó la atención fue el planteamiento de que sería equivocado pensar que la aceleración de la inflación mundial en los últimos años fue una consecuencia inevitable del alza gradual en los precios que la precedió en los diez años anteriores.

En contraste a su posición, Brunner y Meltzer (22) adelantaron una investigación utilizando datos para los cinco países desarrollados más adelantados, y llegaron a la conclusión de que las causas de la inflación desde 1960 están claramente asociadas con cambios en las políticas presupuestales y monetarias de los países industrializados.

P.K.: Brunner y Meltzer son curiosamente ciegos para percibir las distinciones entre el sector primario y el sector industrial de la economía mundial. A mí me parece inútil y poco fructífero seguir insistiendo en que existe una causa única de la inflación internacional tal como el aumento de la oferta monetaria en todos los países.

D.P.: Pasando a otro tema, sería interesante discutir brevemente algunos de los puntos —que usted presentó en la conferencia sobre política fiscal y desarrollo económico organizada por la cepal en Santiago de Chile en 1962 (23). El tema de las reformas tributarias y su impacto sigue siendo de mucha actualidad en América Latina. En efecto, el gobierno de Colombia introdujo hace unos pocos años un nuevo régimen impositivo inspirado en las recomendaciones de la Misión Musgrave (24). Los principales cambios que se adoptaron podrían resumirse así: a) en términos generales, el sistema tributario fue concebido como un instrumento encaminado a mejorar la distribución del ingreso y no tanto para estimular el crecimiento económico; b) el impuesto de ventas fue reestructurado para buscar que la demanda agregada se dirigiera hacia la producción de bienes de consumo masivo; c) los impuestos de venta personal y el de sucesiones fueron hechos más progresivos; d) la renta presuntiva fue establecida en el sector agropecuario. Después de su experiencia con varias reformas tributarias (India, México, Turquía, etc.), ¿cuál es su reacción ante estos cambios de la política fiscal?

P.K.: El problema de un crecimiento económico acelerado está estrechamente relacionado, en mi opinión, con el suministro eficiente de un conjunto bastante amplio de bienes públicos que comúnmente se denominan como infraestructura (educación, salud, transporte, etc.). Creo que el principal freno al desarrollo no es la ausencia de incentivos sino la escasez de recursos. Ahora bien, para mí resulta claro que el potencial impositivo de un país pobre es menor al de un país altamente industrializado y, por lo tanto, las metas de una reforma tributaria no pueden ser muy ambiciosas. Adicionalmente al esfuerzo doméstico, la ayuda externa debe complementarlo, pero en ningún caso sustituirlo.

D.P.: Estaría usted de acuerdo con Musgrave (25) en el sentido de que la pregunta del tamaño apropiado del sector público puede resolverse en una medida importante mediante formulaciones técnicas y no necesariamente ideológicas? Musgrave afirma que la intervención del gobierno debe garantizar las condiciones de entrada libre a los mercados y debe considerar los problemas que se derivan de la existencia de externalidades y que normalmente llevan al fracaso de la acción del mercado en ausencia de controles.

P.K.: No creo que exista un tamaño óptimo para el sector público. La intervención del gobierno es necesaria cuando la administración puede manejar mejor que el sector privado el problema de la incertidumbre, como en el caso de proyectos que requieren altas inversiones tales como el montaje de plantas siderúrgicas.

D.P.: Considero que uno de los problemas básicos de una reforma tributaria está en que las burocracias tienden a apropiarse los recaudos adicionales que resultan sin que se presente un aumento significativo en el flujo de los bienes públicos que más se requieren.

P.K.: La eficacia de un sistema tributario es ciertamente un problema que va más allá de una legislación bien diseñada; depende en una forma muy importante de la eficiencia y la honestidad de la administración. Y éste es el requisito crucial para que una reforma tenga éxito.

D.P.: Algunas personas lo han acusado de haber retardado el desarrollo económico en los países en que usted ha recomendado reformas tributarias como consecuencia de haber introducido un componente muy alto de inestabilidad política.

P.K.: Mi función como experto tributario me ha vuelto poco popular en varios países. En la India y Ceilán, el gobierno se vio sometido a una fuerte oposición después de las reformas; en México y Turquía, países que estaban en necesidad de reformas urgentes, los gobiernos fueron incapaces de llevar las recomendaciones propuestas a la práctica, por la oposición decidida de las clases dirigentes. No creo que mis propuestas fueran equivocadas, simplemente ocurrió que se subestimaron los obstáculos políticos para hacerlas efectivas.

D.P.: Siguiendo a Musgrave (25), uno podría afirmar que la política fiscal tiene tres grandes funciones: la distributiva, la de asignación de recursos y la de estabilización. ¿Qué función considera usted como la más importante?

P.K.: Creo que en los países en desarrollo los impuestos progresivos constituyen la única opción frente a las revoluciones violentas. Sin embargo, me he vuelto últimamente un poco escéptico sobre el impacto redistributivo de las reformas tributarias. La clase dirigente de la mayoría de los países es demasiado fuerte para aceptar una reducción en su nivel de vida.

D.P.: Usted ha recomendado un impuesto al gasto personal, especialmente para corregir la poca efectividad de la progresividad en los niveles altos de ingreso. ¿Cuál fue su experiencia con ese tipo de gravamen en la India?

P.K.: Los impuestos altos conducen normalmente a sobornos igualmente altos. Mis propuestas fracasaron por esta razón.

D.P.: Para finalizar esta interesante discusión quisiera formularle la siguiente pregunta: ¿después de las debilidades que usted le ha señalado a la economía tradicional, podría uno concluir que de acuerdo a su pensamiento la teoría económica está pasando por un periodo muy difícil?

P.K.: Para mí es claro que en el momento la economía está en una especie de caos teórico, y al mismo tiempo buena parte de los trabajos que se publican al nivel conceptual me parecen cada día más irrelevantes. Sin embargo, el viaje keynesiano de descubrimientos intelectuales ha generado resultados muy sólidos. Tenemos ahora una idea bastante clara de cómo manejar una economía de libre mercado y creo que nos estamos acercando a la solución del problema de cómo alcanzar simultáneamente las metas de pleno empleo y estabilidad en los precios.

BIBLIOGRAFÍA

1. Lauchlin Currie, *La enseñanza de la economía*, Bogotá, 1962.
2. L.V. Kantorovich, *Essays in Optimal Planning*, Oxford, 1977.
3. D. Pizano, "Un diálogo con la profesora Robinson", En este mismo libro.
4. N. Kaldor, "Mrs. Robinson's Economics of Imperfect Competition", *Economica*, agosto de 1934.
5. Véase por ejemplo, R, M. Cyert y M.H. de Groot, "An Analysis of Cooperation and Learning in a Duopoly Coritext", *American Economic Journal*, diciembre de 1972.
6. N. Kaldor, "The Irrelevance of Equilibrium Economics", *Economic Journal*, diciembre de 1972. N. Kaldor, "What is wrong with Economic Theory", *Quarterly Journal of Economics*, agosto de 1975.
7. F. Hahn, "An Inaugural Lecture" Cambridge, 1973.
8. E. Denison, *Why Growth Rates Differ*, Brookings Institution, 1967.
9. C.F. Pratten, *Economies of Scale in Manufacturing Industry*, Cambridge University Press, 1971.
10. N. Kaldor, "Increasing Returns and Technical Progress. A comment on Professor Hick's article", *Oxford Economic Papers*, febrero de 1901.
11. A. Coale, The Growth and Structure of Human Populations, Princeton, 1972.
12. A. López Toro, "Problems in Stable Population Theory", Princeton, 1961; "Asymptotic Properties of a Human Age Distribution Under a Continuous Net Fertility Function", Demography, 1967.
13. D, Seers et al., *Hacia el pleno empleo*, Bogotá, *OIT*,1970.
14. D.G. Champernowne, "The Stability of Kaldor's 1957 Model", *Review of Economic Studies*, enero de 1971.
15. Véase por ejemplo, S.Gomulka, Incentive Activity, Diffusion and tbe Stages of Economic Growth, 1971.
16. R. Rowthorn, "What Rernains of Kaldor's Law?" *Economic Journal*, marzo de 1975 N. Kaldor, "Economic Growth and the Verdoorn Law. A Comment on Mr Rowthorn's Articles", *Economic Journal*, diciembre de 1975.
18. N, Kaldor, "Teoría del equilibrio y teoría del crecimiento", conferencia en la Universidad de Barcelona, 1973.
19. N. Kaldor, "Inflation and Recession in the World Economy", *Economic Journal*, diciembre de 1976,
20. N. Kaldor, "Stabilizing the Terms of Trade of Less developed Countries", *Essays on Economic Policy, vol. II*.
21. N. Kaldor, A, Hart y J. Tinbergen, "The Case for An International Commodity Reserve Currency", UNCTAD, 1964.
22. Brunner y Meltzer, A.E.R., febrero de 1977.
23. N. Kaldor, "The Role Taxation in Economic Development", Santiago, diciembre de 1962.
24. R. Musgrave et al, Bases para una reforma Tributaría en Colombia, Bogotá, 1969.
25. R. Musgrave, "The Theory of Public Finance", Tokio, 1959.

IV. UN DIALOGO CON EL PROFESOR LEONID V. KANTOROVICH

Desde que inicié mis estudios de economía en 1968 me interesó el tema de la viabilidad de las economías centralmente planificadas. A lo largo de los años tuve oportunidad de leer varios libros relacionados con el tema y hacia 1974 preparé un documento para el Gobierno colombiano sobre comercio exterior y planificación central; en ese entonces me encontré por primera vez con algunos de los escritos del profesor soviético Leonid Kantorovich. Este distinguido académico recibió el Premio Nobel en 1975 y me pareció que mi proyecto se beneficiaría en alto grado con la participación de un experto de primer nivel en el área de la planificación central. Procedí a contactar al profesor a comienzos de 1978; me respondió al poco tiempo aceptando la idea de desarrollar un diálogo estructurado y después de un proceso un poco complicado logré que me dieran una visa para visitarlo, en plena guerra fría, en octubre de 1979.

Leonid V. Kantorovich nació en San Petersburgo (Leningrado) el 19 de enero de 1912. Ingresó al departamento de matemáticas de la Universidad de Leningrado en 1926; desarrolló teoremas en el área de la teoría de conjuntos y conjuntos de proyección, resultados que fueron comunicados al primer Congreso de Matemáticas de la Unión Soviética en 1930. En 1934 fue confirmado como profesor de matemáticas de tiempo completo de la Universidad de Leningrado. En 1936 con V. Krylow, publicó un libro sobre el nuevo método de las variaciones. Se interesó en la década de los treintas en forma accidental por problemas de la economía industrial, y esto lo llevó a ser la primera persona en el mundo que formuló la teoría de la programación lineal. Durante la guerra trabajó como profesor de la Escuela de Ingenieros Navales. En 1944 trabajó en el Instituto de Estudios Matemáticos de la Academia de Ciencias de la URSS y desarrolló principios básicos para la construcción de computadores. En la década de los cincuentas se preocupó por aplicar las matemáticas y la cibernética al campo de la economía; en 1939 publicó un libro titulado *El mejor uso de los recursos económicos*, que él considera como uno de sus principales aportes a la economía. Luego fue nombrado miembro de la Academia de Ciencias de la URSS y director del Centro de Aplicación de las Matemáticas a la Economía, con sede en Novosibirsk (Siberia). En 1965 recibió el Premio Lenin y en 1975 el Premio Nobel. En el momento en que se desarrollo este diálogo era el director del Instituto de Control de la Economía Soviética, con sede en Moscú, en donde tuvo lugar esta discusión a finales de 1979.

Diego Pizano: Quisiera separar esta discusión en dos partes centrales y distintas. En primer término, sería interesante si pudiéramos tratar algunos problemas derivados de la teoría de la planeación y las contribuciones que usted ha hecho a ella. Luego entraríamos, si usted está de acuerdo, a analizar brevemente algunos aspectos asociados con la evolución reciente de la economía soviética y sus perspectivas futuras. El primer tema que me gustaría introducir a la discusión es el relacionado con el debate sobre la planeación que se ha desarrollado en Occidente desde los años treinta y que continúa siendo motivo de intensas controversias. Permítame primero comentar y resumir brevemente las principales posiciones que han surgido en los debates.

Es interesante hacer referencia en primer lugar a los trabajos de Pareto (12) y Barone (2). Estos pensadores llegaron a la conclusión de que las condiciones necesarias y suficientes para alcanzar una asignación de recursos óptima —dada una función de bienestar social— eran las mismas para una economía planeada y una economía de libre mercado. Esta conclusión difiere radicalmente de la alcanzada por Von Mises (15), quien argumentó que un sistema económico racional y una economía socialista eran incompatibles. Él consideraba que en la ausencia de mercados laborales, financieros y comerciales era imposible determinar un sistema coherente de precios.

Otros economistas como Robbins (14) piensan que las conclusiones de Barone y Pareto son válidas en el sentido de que podría ser posible diseñar un sistema económico racional dentro de un estado socialista, pero el problema sería que los precios no podrían ser determinados a *priori*; uno tendría que resolver un sistema de ecuaciones simultáneas con miles o tal vez millones de variables, y esta labor no es posible adelantarla ni siquiera con la ayuda de los equipos de computación más sofisticados y modernos.

Oscar Lange, en un ensayo muy conocido (10), argumenta que sí existe una solución al problema: la utilización del mercado. Considera que no hay ninguna contradicción fundamental entre el uso de las fuerzas del mercado y el marxismo ortodoxo. Por eso sugiere un proceso de ensayo y error o *tatonnement* que lo hace a uno recordar el subastador de Walras. Esta propuesta ha sido analizada en forma rigurosa por Arrow y Hurwicz (1).

Finalmente, me parece importante hacer referencia a los influyentes trabajos del profesor Hayek. El ha puesto en duda en varios escritos (3) la posibilidad de que una economía planeada tenga éxito, con el argumento de que es imposible hacer cálculos racionales en una economía no monetaria; con el argumento adicional de que no es posible concentrar toda la información de un sistema en un solo cerebro o computador; también plantea que no estamos intelectualmente equipados como seres humanos o con la ayuda de computadores para mejorar el funcionamiento de una economía de libre mercado mediante la adopción de técnicas de planeación sin que esto lleve a un deterioro muy significativo en el nivel de eficiencia del sistema. Creo que sería del mayor interés para la audiencia occidental conocer cuáles han sido sus reacciones a este importante debate.

Profesor Kantorovich: El tema que usted ha introducido es considerado de la mayor importancia en la Unión Soviética y ha recibido atención prioritaria en nuestras publicaciones científicas y en las de otros países socialistas. No tenemos tiempo de entrar a hacer un análisis detallado de todas las ideas que usted ha comentado y por eso prefiero formular mi propia posición.

El sistema capitalista de producción ha existido por más de doscientos años y algunos de sus principios básicos fueron formulados aún antes. La economía planeada tiene mucho menos tiempo de existencia y, por lo tanto, no es sorprendente encontrar que faltan problemas por resolver y comprobar que falta información para llevar a la práctica un sistema socialista óptimo. Claro está que todavía no se han podido explotar todas las ventajas de la propiedad estatal de los medios de producción; y esta situación es la causa de que hayamos tenido que experimentar algunos inconvenientes con la operación del sistema. Mucha gente en la Unión Soviética está consciente de que nuestro sistema económico no es perfecto, y en realidad nuestro partido y nuestro gobierno están constantemente presionando a distintos organismos para que se mejore el sistema de planeación. Uno de los eventos más recientes en este campo es una decisión (12 de julio de 1979) que trata precisamente del mejoramiento de los sistemas de la planeación y del manejo de la economía. También se puede decir que se ha ido creando la opinión en el sentido de que es necesario introducir los modelos de optimización económica para racionalizar la metodología de planeación.

Estos modelos han sido desarrollados en la Unión Soviética con la ayuda de computadores. Han encontrado ya utilización parcial en la organización de planeación de este país y también en el sistema de administración de algunas empresas importantes. Quisiera destacar un punto relacionado. El desarrollo de modelos matemáticos ha ayudado en la labor de especificar las leyes cuantitativas que gobiernan los sistemas socialistas de producción. Esto ha permitido resolver problemas muy concretos tales como los siguientes: a) el problema de la fijación de tarifas; b) la medición de la efectividad de las inversiones de capital; c) la evaluación de la cantidad y la calidad de los recursos naturales; d) un uso más efectivo de principios básicos tales como los relacionados con el método de los balances materiales.

Las leyes de la planeación óptima generan un sistema de valores económicos (precios, renta, interés) que pueden ser estimados simultáneamente con el plan general y utilizados para el proceso de toma de decisiones; esto suministra un procedimiento óptimo para decidir desde el punto de vista de la economía. Es obvio que es difícil aplicar los principios de la planeación óptima de una manera sencilla. Pero el mismo hecho de que se haya demostrado que existen precios objetivos y valores económicos es de la mayor importancia.

Yo he mostrado en varios trabajos que es posible derivar precios objetivamente determinados o precios sombra, como los llama Koopmans. Este análisis se ha considerado como contrario a las conclusiones de Hayek y Von Mises. Ellos pensaron que, como una economía planeada no contaba con una bolsa de valores y no contaba con mercados, era imposible que existiera un sistema de precios efectivos. El modelo óptimo muestra que en una economía planeada existe una posibilidad real de llegar a un sistema de precios aún más eficiente que el que resulta del funcionamiento de una economía de mercado; esto es particularmente cierto con relación a las decisiones de largo plazo; la experiencia ha mostrado que el sistema capitalista está caracterizado por ciclos económicos en los cuáles se presentan épocas de déficit y épocas de superproducción. Este fenómeno se puede evitar con la aplicación de los modelos de la planeación óptima.

En resumen, debe decirse que en los años treinta, cuando el debate de la planeación se estaba iniciando, las críticas de Hayek y de Von Mises no eran fáciles de responder; pero hoy en día el desarrollo de las técnicas de la planeación óptima ha invalidado sus conclusiones.

D.P.: Después de haber leído algunos de los ensayos que usted ha escrito en el área de la teoría de la planeación óptima (6), quedé con la impresión de que usted estaba descubriendo de nuevo, tal vez en forma inconsciente, algunos de los principios teóricos formulados por Walras en el siglo pasado. ¿Cómo relaciona usted su trabajo con el de Walras?

P.K.: Existe una relación entre mis modelos y los de Walras, sobre todo porque él también utilizó modelos matemáticos. No obstante, Walras desarrolló su sistema mediante el uso de ecuaciones de equilibrio, y éstas se referían a un sistema de libre empresa. Su enfoque era muy distinto y el objetivo de su investigación era también diferente.

Se podría afirmar que mi trabajo se acerca más al de Pareto, ya que su investigación tenía un carácter más general que el de Walras; sin embargo, debo subrayar que la teoría de la planeación óptima está basada en métodos de valoración y en la aplicación de la programación lineal.

D.P.: Mucha gente que ha estudiado programación líneal encuentra difícil aplicar esta metodología para resolver problemas de tipo industrial, dado que la presencia de economías de escala lleva a que las funciones de producción no sean convexas. Por lo tanto, no es posible utilizar programación lineal para estudiar fenómenos no lineales. ¿Cuál es su solución para este problema?

P.K.: Como ya he mencionado, además de utilidad práctica, aun el modelo más simple de programación lineal representó un gran avance, en el sentido de que demostró que el enfoque matemático arrojaba mucha luz para entender y solucionar problemas económicos.

La efectividad de los modelos matemáticos fue demostrada, y en realidad podemos comparar esta situación con las ecuaciones mecánicas del movimiento de Lagrange. En ese caso, solamente algunos problemas de la mecánica habían sido solucionados, y los más complejos demandaban técnicas más refinadas. Pero lo importante fue que el uso de metodologías simples abrió el paso para las técnicas más sofisticadas. Lo mismo puede decirse de la programación lineal. Puede ser eficiente en la solución de algunos problemas, y estoy de acuerdo con usted en que no es un marco teórico adecuado para otros. Por esta razón es que es necesario utilizar un amplio espectro de técnicas para abordar y resolver los problemas de tipo económico. Ya se han desarrollado otras herramientas y en realidad nosotros hemos aplicado no solamente programación lineal sino también métodos discretos, planeación por objetivos, etcétera.

Otro punto por enfatizar es el de que la programación lineal se adapta mucho mejor a las condiciones de una economía planeada que a las de una economía de mercado. Es un método que se ha utilizado con éxito para resolver problemas relacionados con la distribución racional de los productos (tubos y material rodante, por ejemplo); pero esto es factible cuando existe solamente una empresa que domina el mercado. Por lo tanto, no tiene la misma aplicabilidad en Occidente, aun cuando debe señalarse que algunos países en desarrollo han utilizado el método.

D.P.: Ahora que usted ha mencionado las técnicas de planeación de algunos países en desarrollo, me parece oportuno señalar que los métodos insumo-producto han sido utilizados en varios ejercicios de planeación, particularmente en América Latina (Colombia y Chile, por ejemplo). Estos ejercicios no han tenido mucho éxito, ya que es muy difícil predecir las circunstancias externas que condicionan en una forma muy significativa la evolución económica de estos países (me refiero a temas como las disponibilidad de divisas y la transferencia de la tecnología); por otra parte, el supuesto de coeficientes técnicos fijos no es muy realista y limita seriamente la validez de las proyecciones de corto y mediano plazo. ¿Cuál es la experiencia de la Unión Soviética con este tipo de herramientas teóricas?

P.K.: No he utilizado modelos insumo-productos en forma directa, pero naturalmente estoy familiarizado con ellos. Permítame decirle que las técnicas de agregación de estos modelos conducen a errores significativos, especialmente porque los coeficientes técnicos en relación al crecimiento son muy distintos al promedio. Las mayores dificultades se encuentran claramente con los estimativos de tipo dinámico. En algunos casos, estos cálculos resultan en conclusiones absurdas desde el punto de vista económico y deben ser alterados de una manera artificial.

Por otra parte, quisiera mencionar que disponemos de buena experiencia en el Instituto de Economía (Siberia) con la solución de problemas económicos de largo plazo. Se ha demostrado en mis trabajos y en los artículos que escribí conjuntamente con el doctor

Makarow (miembro correspondiente de la Academia de Ciencias) que es posible aplicar modelos dinámicos basados en la programación lineal. La profesora Augustinovich, de la Oficina de Planeación de Hungría, también ha desarrollado modelos dinámicos, pero basados en la teoría de la programación estocástica. Yo fui testigo de cómo ella trabajaba con el computador y cómo en una sola hora generaba muchísimas variantes; su trabajo muestra que es posible simular cambios en las condiciones externas, y creo que este enfoque es el apropiado para el tipo de problemas de incertidumbre que usted comentaba.

D.P.: Encuentro muy interesante lo que usted señala con relación a la programación estocástica y debo decir que me recuerda el método de los escenarios utilizado por el profesor Leontieff en su estudio sobre el futuro de la economía mundial (11). Debe anotarse, sin embargo, que aun un economista matemático como Leontieff considera que las técnicas cuantitativas no son suficientes para estudiar la evolución y las perspectivas de ninguna economía y, por lo tanto, él considera que el análisis cualitativo es absolutamente indispensable. ¿Está usted de acuerdo con esta posición?

P.K.: Estoy de acuerdo en general. Pero yo agregaría que los modelos matemáticos nos generan también resultados cualitativos relacionados con la estructura del fenómeno que se está analizando; no obstante, es necesario ser muy cauteloso con el uso de estos modelos, ya que no son universales.

Los modelos de tipo matemático están recibiendo ahora mayor atención por parte de nuestro gobierno, ya que mucha gente está consciente de que la introducción de elementos de optimización en la planeación de largo plazo va a llevar a un aumento de la tasa de retorno del capital y va a mejorar la asignación de los recursos productivos; a pesar de esta conciencia, los nuevos métodos no están siendo suficientemente utilizados por los institutos encargados de la planeación, ya que, como es obvio, las nuevas ideas tienen que enfrentarse a muchos obstáculos antes de ser aplicadas a fondo.

D.P.: He escuchado a algunas personas que argumentan que sus propuestas han sido criticadas en la Unión Soviética porque se considera que podrían reducir las altas tasas de crecimiento logradas con los procedimientos tradicionales. ¿Se justifica en algún sentido este punto de vista?

P.K.: Ese punto de vista es totalmente incorrecto. Algunas personas han pensado equivocadamente que si los precios sombra expresan límites impuestos por la escasez (*scarcity constraints*), entonces la tasa de crecimiento histórica tendría que reducirse. La verdad es que estos precios, determinados en forma objetiva, van a llevar a la economía a transitar por una senda de expansión acelerada y eficiente.

D.P.: Usted está reconocido en la actualidad como el fundador a nivel mundial de la programación lineal. Como todos sabemos, esta teoría se formuló originalmente en términos estáticos para ser aplicada a problemas de tipo microeconómico. ¿Cómo ha sido posible extender los resultados de un marco de referencia microestático a un contexto macrodinámico?

P.K.: En uno de mis libros (*The Best Use of Economic Resources*) (8) logré extender los resultados de la programación lineal del nivel de la firma hasta un modelo de corto plazo de la economía nacional. Unos años más tarde, desarrollé un modelo (5) dinámico en el cual todos los precios sombra tienen fecha y la comparabilidad entre costos y beneficios se asegura mediante el traslado de todas las variables futuras a sus valores presentes. He diseñado modelos encaminados a optimizar una economía de tipo soviético a través del tiempo en los cuales el modelo de corto plazo representa solamente un periodo. No ha sido un trabajo exactamente fácil de realizar, pero es factible adelantarlo.

D.P.: ¿Cómo se enfrenta usted al hecho de que la economía no es una ciencia exacta y, por lo tanto, es prácticamente imposible plantear proyecciones realistas de largo plazo?

P.K.: Mis planes son solamente deterministas en forma parcial; todo plan tiene que tener un componente probabilístico particularmente en áreas tales como el comercio exterior y la exploración de minerales.

D.P.: Algunas personas en Occidente asocian sus modelos de planeación óptima con el socialismo de mercado. ¿En qué medida es esta apreciación correcta?

P.K.: Esa opinión no es correcta. Planear una economía compleja requiere tanto un plan central como la acción autónoma de unidades descentralizadas. Pero el papel decisivo corresponde al plan central; por lo tanto, las fuerzas del mercado se utilizan solamente como un mecanismo complementario a los modelos de la planeación óptima.

D.P.: Creo que ya hemos dedicado suficiente tiempo a la teoría de la planeación. Sí está usted de acuerdo podríamos pasar ahora a la consideración de algunos aspectos que tienen que ver con la evolución reciente de la economía soviética.

La primera área de problemas que me gustaría comentar es la asociada con el balance energético de la Unión Soviética. Este país es la única gran nación industrial que produce más energía de la que consume. Es todavía el primer productor de petróleo del mundo. Pero de acuerdo con varios expertos occidentales (del Centro de Estudios Rusos de Harvard, por ejemplo), la participación del petróleo y el gas natural en la ecuación energética de la Unión Soviética está declinando; y estos expertos afirman que no es posible intensificar las labores de exploración, ya que cerca de una tercera parte de la inversión total está asignada en la actualidad al sector de la energía y no parece factible aumentarla. ¿Cree usted que su país está enfrentado a una crisis de energía en el futuro cercano (1980-1983)?

P.K.: Para poder contestar esa compleja pregunta uno tendría que ser un geólogo muy informado. Todo lo que yo puedo decir es que la Unión Soviética cuenta con un número considerable de fuentes distintas de energía (carbón, gas natural, petróleo, hidroelectricidad) que son intercambiables entre sí en una forma importante. El transporte por carretera, por ejemplo, podría ser remplazado por trenes a diesel o trenes eléctricos. El empleo de vehículos eléctricos para las carreteras es también una posibilidad real.

En resumen, estoy convencido de que la Unión Soviética no se convertirá en un gran país importador de petróleo. Si continúa siendo un exportador de petróleo importante, no estoy capacitado para contestar.

D.P.: En algunos países occidentales, como Alemania, se ha presentado un debate muy intenso en torno a la posibilidad de aumentar la participación de la energía nuclear en la generación de electricidad. Muchas personas consideran que los costos de impulsar este tipo de energía podrían superar los beneficios. ¿Cuál es la posición de los expertos soviéticos sobre la materia?

P.K.: No soy un experto nuclear, pero tengo la impresión de que se han exagerado los riesgos de la utilización de la energía nuclear. Creo que este tipo de energía se volverá más importante en este país en los próximos años.

D.P.: Otro tema que suscita mucha discusión en Occidente es el relacionado con el estado actual del sector agrícola soviético. Los entendidos en la materia señalan que el volumen de la producción de granos no es satisfactorio; que el contenido de proteínas de los granos alimenticios es bajo; que el mal clima, la ausencia de infraestructura adecuada, la escasez de electricidad y la disminución de la productividad del capital y del trabajo han llevado a un déficit creciente de la producción agrícola y a un aumento considerable de la importación de este tipo de bienes. ¿Considera que este cuadro pesimista de las perspectivas de la agricultura de su país corresponde a la realidad?

P.K.: Todos los problemas que usted comenta han sido tratados en forma amplía en nuestros periódicos y en nuestras publicaciones científicas. Existe ya una especie de consenso en el sentido de que el sector agrícola soviético presenta una gran cantidad de posibilidades inexploradas. Las fincas avanzadas obtienen más del doble de producción por unidad de tierra que las fincas promedio. Se advierte aquí un problema claro que tiene que ver con la eficiencia de asignación de los recursos productivos. Considero que mediante una utilización más intensiva de los modelos de la planeación óptima se alcanzaría un desarrollo mucho más acelerado y eficiente de este sector.

D.P.: Las tendencias demográficas soviéticas constituyen otro tema de discusión. De acuerdo con el doctor Boyarskiy (director del Instituto Científico de Estadística del Gobierno Soviético), los principales problemas asociados con la población son: a) desequilibrio creciente entre las tasas de crecimiento de los varios grupos étnicos; b) aumento general de las rasas de mortalidad; c) reducción de la expectativa de vida de los hombres; d) disminución en la tasa de crecimiento de la fuerza laboral. ¿Usted cree que esta compleja situación va a imponer restricciones serias a las perspectivas económicas de su país?

P.K.: Considero que el crecimiento de la mortalidad y la reducción de las expectativas de vida se debe a variaciones interanuales sin importancia. La expectativa promedio de vida aumentó en el periodo de la posguerra y aún se encuentra en un nivel muy alto. La disminución de la tasa de crecimiento de la fuerza laboral de algunos grupos de edad es un hecho de la realidad que ha aparecido como resultado de la disminución de la migración del campo a las principales ciudades. Este fenómeno causa naturalmente una serie de dificultades, pero estamos tomando medidas para aumentar la oferta de trabajo, tales como la contratación de pensionados; otra medida podría ser la promoción de una distribución más racional del trabajo y la contratación de mujeres en forma de tiempo parcial. Por otra parte, la productividad del trabajo tiene que aumentar. En síntesis, soy de la opinión de que con este tipo de medidas estaremos en la posición de poder resolver los problemas que usted ha comentado en relación con el tema demográfico.

D.P.: Han surgido una serie de teorías alternativas con referencia a la tasa de crecimiento de la economía soviética. Parece claro que la economía no está creciendo con el mismo dinamismo que fue característico de épocas anteriores, ¿Podría ser esta situación una consecuencia de una brecha externa (divisas), una brecha interna (ahorro) y un resultado de la situación energética, agrícola y demográfica de la que hemos hecho comentarios?

P.K.: Es cierto que la tasa de crecimiento de la Unión Soviética ha disminuido. Las principales causas de este hecho podrían resumirse de la siguiente manera. En primer lugar, el tamaño de la economía es mucho mayor, y este dato por sí solo es suficiente para conducir a un sistema a un crecimiento menor. En segundo lugar, tenemos ahora escasez de algunos recursos naturales, particularmente en la parte occidental. Tercero, las mayores escalas de producción requieren ajustes importantes en el manejo de la economía, y los cambios que se han introducido en esta dirección no producirán resultados inmediatos. Cuarto, una gran cantidad de recursos se han canalizado hacía proyectos de largo plazo, tales como estaciones hidroeléctricas, ferrocarriles, etc., que obviamente necesitan un largo periodo de gestación para generar resultados. Finalmente, el estimativo de la tasa de crecimiento en términos de precios es difícil de adelantar y no es preciso. Otros métodos llevan a estimar tasas de crecimiento mayores.

D.P.: Desde que el comercio Este-Oeste comenzó a aumentar en una forma significativa en los años sesenta, la Unión Soviética empezó a registrar dificultades serias en su balanza de pagos. La deuda externa neta ha superado la barrera de los 20 billones de dólares. De acuerdo con el análisis de un economista húngaro (Vajda) estos problemas resultan de la incapacidad de competir con éxito en los mercados internacionales. Parece que este fenómeno está asociado con deficiencias en la producción de las empresas, falta de conocimiento técnico, malos empaques, mala apariencia de los productos e inadecuados servicios de posventa; otra gente piensa que la magnitud de los incentivos para la innovación tecnológica es insuficiente para superar el riesgo y la inercia y, por otra parte, se argumenta que la fijación de algunos precios domésticos es irracional. ¿Cuál de estas hipótesis se acerca más a la realidad?

P.K.: Es cierto que las malas cosechas y otro tipo de factores han llevado a problemas serios en nuestra balanza de pagos. Yo diría que la causa primordial de esta situación radica en que las empresas han orientado sus planes para cumplir con los niveles de producción que los fijan y no se preocupan suficientemente por contar con un sistema de comercialización flexible y ágil que les permita vender en los mercados internacionales.

D.P.: Uno de los temas que se discute más en seminarios y conferencias internacionales en la actualidad es el relacionado con los vínculos que existen y que deben existir entre ciencia, tecnología y desarrollo. La mayor parte de la gente informada sobre este tema opina que en el caso de la Unión Soviética existe una comunidad científica que adelanta investigaciones originales en muchas áreas, pero que funciona en forma independiente de la gente que está aplicando la tecnología y que está cumpliendo con labores de tipo empresarial. Por lo tanto, parece que los descubrimientos científicos que se realizan en su país no llevan en muchos casos a un aumento del nivel técnico de la producción. ¿Es ésta una descripción correcta?

P.K.: Es cierta en algunos casos y debo anotar que este fenómeno se presenta también en muchos países occidentales. La brecha entre ciencia, tecnología y producción debe cerrarse o al menos reducirse en forma significativa. El gobierno de este país está consciente del problema y se han diseñado medidas para tratar esta importante materia.

D.P.: Una de las cuestiones más difíciles que los países en desarrollo tienen que resolver es decidir en qué medida deberían tratar de seleccionar, adaptar y generar tecnologías en vez de continuar con una política de importación de conocimientos indiscriminada. ¿Qué luz arroja la experiencia de la Unión Soviética para países como Colombia y México, que están experimentando un proceso importante de industrialización?

P.K.: El progreso científico y tecnológico es el mecanismo más importante para aumentar la tasa de crecimiento de la producción en cualquier economía. El nivel de la ciencia y la adopción y la difusión de nuevas técnicas determina el potencial económico de una nación. Es muy importante impulsar no solamente las ciencias naturales sino también las ciencias sociales como la economía. Los avances realizados por la economía matemática y la cibernética han colocado a esta disciplina mucho más cerca de la realidad en comparación con la situación imperante en épocas anteriores.

Creo que la Unión Soviética debe llegar a una situación de autosuficiencia en materia de ciencia y tecnología; países de menor tamaño (incluyendo países en desarrollo y otros países socialistas) deben continuar importando tecnología general en forma selectiva y deberían tratar de aumentar el valor agregado de sus productos mediante la adopción y eventualmente la generación de tipos específicos de técnicas.

D.P.: Para terminar esta discusión, quisiera preguntarle ¿cuál considera usted que es el principal problema no resuelto de la teoría de la planeación óptima?

P.K.: Muchas ideas de la teoría de la planeación óptima que han sido comentadas en esta discusión no han sido puestas en práctica totalmente. La principal labor ahora es adaptar el marco de referencia teórico para uso efectivo al nivel de la industria y al nivel de la planeación de la economía global.

Existen muchos problemas no resueltos, tales como temas ecológicos, la simulación de la interdependencia global y otros. Hay más problemas por resolver que resueltos.

D.P.: ¿Cuáles considera usted que han sido los principales desarrollos teóricos de la economía a nivel mundial?

P.K.: Considero que los trabajos de Keynes y su escuela; los trabajos de Leontieff y Von Neumann, y los estudios soviéticos en el área de la teoría y la práctica de la planeación son las contribuciones más importantes.

D.P.: ¿Cuál considera usted su contribución más importante a la economía?

P.K.: El desarrollo de la programación lineal hace cuarenta años y mi libro *El mejor uso de los recursos económicos* publicado hace veinte años. Estos desarrollos me permitieron formular los principios de la planeación óptima.

BIBLIOGRAFÍA

1. K.J. Arrow y L Hurwicz, "Descentralization and Computation in resource allocation", en *Essays in Economics and Econometrics in honor of Harold Hotelling*, Chapel Hill, 1960.
2. Barone, E. "The Ministry of Production in The Collectivist State", en F. Hayek (ed.), *Collectivist Economic Planning*, Routledge and Paul, Londres, 1935.
3. Hayek, F.A. (ed.), *Collectivist Economic Planning*, Londres, 1935.
4. Hayek, F.A., *Individualism and Economic Order*, Londres, 1976.
5. Kantorovich, L, *A Dynamic Model of Optimum Planning*, Moscú, Nauka Publishers, 1964.
6. Kantorovich, L., *Essays in Optimal Planning*, Blackwell, Oxford, 1977.
7. Kantorovich, L., "Nobel Prize Lecture", Nobel Foundation. Estocolmo, 1975.
8. Kantorovich, L., *The Best Use of Economic Resources*, Moscú, 1958.
9. Koopmans, T.J., "A Note about Kantorovich's Paper, 'Mathematical Methods of Organizing and Planning Production' ", Management Science, 1960.
10. Lange, O., "On the Economic Theory of Socialism", *Review of Economic Studies*, vol. 3, 1936.
11. Leontieff, W., *The Future of the World Economy*, Oxford, 1978.
12. Pareto, *Manuel d'économie politique*, París, 1927.
13. Pizano, D., "Comercio exterior y planificación central" (artículo inédito), Bogotá, 1977.
14. Robbins, L. C, *The Great Depression*, Londres, Macmillan, 1934.
15. Von Mises, L., "Economic calculation in the Socialist Commonwealth", reimpreso en Hayek (3).

V. UN DIALOGO CON LA PROFESORA JOAN ROBINSON

Al llegar a Cambridge en agosto de 1972, para iniciar estudios de postgrado, resolví contactar a la profesora Joan Robinson. Era una persona controversial por sus enfrentamientos con los economistas de la escuela tradicional y por sus opiniones sobre el modelo chino de planificación central. Me pareció que era interesante visitarla, ya que Keynes la consideraba como la más brillante de sus colaboradores y además estaba interesada en los problemas de los países en desarrollo. Me recibió en forma amable e hizo algunas referencias a su experiencia en países como la China, India y México. Luego asistí a varias de sus conferencias. Unos años más tarde le escribí para comentarle de este proyecto y le señalé que en mi concepto era importante contar con la participación de representantes de la escuela keynesiana. Aceptó la idea con entusiasmo y me recibió en su oficina a finales de julio de 1977.

Joan Robinson (1903-1983) era profesora emérita en la Universidad de Cambridge en el momento que se desarrolló este diálogo. Entre sus libros se destacan: *Economics of Imperfect Competition* (1931), *Essays in the Theory of Employment* (1937), *An Essay on Marxian Economics* (1942), *Collected Economic Papers, vol. I* (1951), *vol. II* (1960), *vol. III* (1965), y *vol. IV* (1973), *The Accumulation of Capital* (1956), *Essays in the Theory of Economic Growth* (1962), *Economics: An Awkward Corner* (1966), *Economic Philosophy* (1962). Es la única mujer que ha estado entre los finalistas al Premio Nobel de Economía. Tuvo intercambios académicos con destacados economistas entre ellos los Profesores Joseph Schumpeter, Paul Samuelson y Milton Friedman. Entre sus alumnos más destacados se encuentran Amartya Sen (Premio Nobel de Economía), A.J.Kregel (profesor de la Universidad John Hopkins) y M. Singh (Primer Ministro de la India). Con motivo de su primer centenario apareció un interesante libro sobre vida y su pensamiento.[31]

---

[31] Ver Bill Gibson (ed.), *Joan Robinson's Economics, A Centennial Celebration*.Elgar, 2005.

Diego Pizano: En su artículo de 1949 (1), usted sugirió que los principios de la economía keynesiana dinámica podrían aplicarse a los problemas de los países en vía de desarrollo. La idea ha sido adoptada por muchos de los estudiosos de la planeación, a juzgar por el impacto que han tenido los modelos Harrod-Domar en la formulación de planes en los países latinoamericanos. Sin embargo, el grado de escepticismo en relación con los alcances y los resultados de la planeación es cada vez mayor (2). Como comentábamos con el profesor Tinbergen (3), ello podría explicarse en parte porque los gobiernos no han demostrado tener la disciplina que se requiere para ejecutar los planes, y también, creo, porque la formulación teórica de Harrod y Domar tiene problemas de orden conceptual que reducen su aplicabilidad. Mi opinión es la de que, al adoptar el modelo de corto plazo de Keynes (y aun la contribución de Harrod) a los problemas de largo plazo de los países en desarrollo, surgen ciertos problemas. Sin embargo, debe aclararse que los análisis de cuentas nacionales que tienen su inspiración en Keynes son muy útiles; sin ellos sería muy difícil discutir los problemas del desarrollo económico en una forma operacional. Para dejar clara mi posición desde el comienzo, quiero argumentar que para trasplantar la teoría keynesiana (y los desarrollos poskeynesianos) a los problemas de los países en desarrollo es necesario introducir importantes ajustes y modificaciones. Una de las grandes lecciones que Keynes puede dar al mundo en desarrollo es su método de aproximación a los problemas económicos (sus principios epistemológicos, como argumentaré más adelante), y no la adopción ciega de las relaciones funcionales que especificó para la economía británica de los años treinta. No niego que conceptos tales como la preferencia por la liquidez y el multiplicador son muy útiles, sino que sus ideas deben adaptarse cuando se trasladan de un contexto a otro; la extensión de su modelo por Harrod debe tratarse también con cautela y no aplicarse mecánicamente.

Profesora Robinson: En mi libro sobre la filosofía económica (4) mencioné cómo, en el periodo de la posguerra, una vez que el problema de la demanda efectiva insuficiente fue atacado con herramientas keynesianas el que pasó a ocupar el escenario fue el del desarrollo económico.

El cambio de énfasis, del corto plazo al largo plazo, se debió en parte a la aparición de nuevas naciones, pero estuvo también asociado con la evolución interna de la teoría económica. Todos sabemos que en la teoría keynesiana la inversión juega un papel crucial. Por consiguiente, una vez que esta teoría se estableció era apenas natural preguntarse las consecuencias que tendría para el sistema económico la acumulación del capital generado por la inversión. En este contexto, la teoría keynesiana de corto plazo y la teoría neoclásica de la asignación óptima de recursos escasos no ofrecen un tratamiento adecuado.

En mi libro *Economic Heresies* (5) señalé que el punto más débil de la teoría neoclásica está en tratar el progreso técnico como un *shock* ocasional que desplaza la posición de equilibrio del sistema. Harrod se aproxima al problema con un tratamiento más realista al asumir que el progreso técnico puede considerarse como una propensión interna (*a built-in propensity*) del sistema económico. El gran mérito del modelo de Harrod radica en no ser un esquema de equilibrio; es más bien una proyección hacia el largo plazo de algunos de los conceptos de la Teoría General de Keynes. La tasa de acumulación es una función de las decisiones empresariales encaminadas a realizar ganancias, sin ninguna garantía de que el nivel de inversión se ajustaría al requerido en una economía de libre mercado. Desafortunadamente, los neoclásicos como Swan (6) trataron de convertir el modelo de Harrod en un esquema de tipo prekeynesiano.

D.P.: El modelo de Harrod fue una contribución muy importante; sin embargo, el marco conceptual propuesto por él se enfrenta a una serie de limitaciones para su uso en los países en desarrollo:

1) Como usted misma ha afirmado en alguno de sus ensayos, el caso que él contempla (una acumulación del capital más acelerada que el crecimiento de la población) no es típico; uno debería suponer lo contrario para elaborar la tasa natural de crecimiento. Igualmente importante, la tasa natural de crecimiento en Harrod depende de las innovaciones tecnológicas y él no entra a analizar la naturaleza de las innovaciones que se espera van a ocurrir sino que formula arbitrariamente una relación trabajo/producción constante, lo mismo que una relación capital/producción constante y esto no encaja dentro de la experiencia de los países en desarrollo. No estoy afirmando que sea fácil incorporar el cambio tecnológico en una forma más realista; por el contrario, éste puede ser uno de los puntos mas complicados de elaborar a nivel conceptual.
2) Harrod contempla una economía en la cual la propensión al

ahorro supera la propensión a invertir. Este supuesto vuelve su modelo "explosivo", en el sentido de postular una tendencia persistente hacia la deflación cíclica y el estancamiento crónico. Soy de la opinión de que las variables "enfriadoras" (*coolants*) del profesor Hicks (7) deben ser introducidas; en particular, la inversión autónoma que ofrece la posibilidad de incorporar tipos alternativos de eventos perturbadores (*shocks*).

3) La tasa garantizada de crecimiento del modelo de Harrod está basada en la doctrina de la demanda efectiva de Keynes; solamente puede entenderse en el contexto de la demanda efectiva insuficiente y del desempleo involuntario de Keynes. Pero la experiencia disponible para países como Colombia sugiere que el desempleo no es del tipo keynesiano y, si existe desempleo de tipo estructural, es evidente que la formulación de Harrod no ofrecería un marco conceptual adecuado para entender las verdaderas causas de desempleo.

P.R.: He afirmado en otras partes que la teoría de Keynes fue elaborada en el contexto de una economía industrial avanzada con instituciones financieras sofisticadas. El problema del desempleo que preocupaba a Keynes se caracterizaba por la existencia de un exceso de capacidad instalada. El problema de desempleo de los países en desarrollo surge porque la capacidad productiva y la demanda efectiva nunca han estado en un nivel apropiado. Sin embargo, he señalado en algunos de mis estudios que la economía keynesiana puede arrojar luz sobre algunos de los problemas de la política económica en países en desarrollo. Tomemos el problema de la inflación. La teoría general demuestra en forma muy convincente que la inflación es un fenómeno *real* y no *monetario*. Todavía existe una creencia generalizada en el sentido de que la inflación es un problema monetario que puede ser controlado manipulando la oferta de dinero. Pero es triste comprobar que en muchos círculos políticos y aun académicos no se ha entendido todavía una de las proposiciones esenciales de la teoría general: que el nivel de los salarios monetarios es el determinante fundamental de las variaciones de los precios. No es claro en absoluto que la llamada ecuación de Cambridge ($TT = ky/m$)[32] o la ecuación de Fischer ($MV = PT$)[33] logren

---

32 TT = poder adquisitivo del dinero; y = ingreso nacional real; k = proporción del ingreso nacional mantenido en forma de dinero; M = cantidad de dinero.

33 M = oferta monetaria; V = velocidad del dinero; P = nivel de precios; T = ingreso nacional.

explicar la realidad; se trata sólo de simples tautologías. Déjeme ilustrarle este punto haciendo referencia a la ecuación cuantitativa para los ganchos de pelo desarrollada por Lord Kahn para protestar en contra de esta falsa concepción (8). Definamos las siguientes variables: P = proporción de mujeres con pelo largo; T = número total de mujeres; I/V = pérdida diaria de ganchos de pelo por parte de las mujeres de pelo largo; M = producción diaria de ganchos de pelo. Dadas estas definiciones, es evidente que M = PT/V, lo que implica que MV = PT. Ahora bien, supongamos que el papa desea aumentar la proporción de las mujeres con pelo largo argumentando que el pelo corto y las buenas costumbres no son compatibles. Para lograr su objetivo, el papa piensa que sería aconsejable asesorarse de un buen economista. El economista le explica la ecuación cuantitativa para los ganchos del pelo y le sugiere la fórmula mágica: "Todo lo que usted tiene que hacer es aumentar M (producción diaria de ganchos de pelo), y el número de mujeres con pelo largo aumentará." Pero si el papa no queda convencido, entonces el economista puede recomendar que se proceda a convencer a las mujeres de pelo largo a perder menos ganchos de pelo. Esto implicaría que V aumentaría y el efecto sería el mismo que el de un aumento de M. Si los expertos monetarios se dieran cuenta de que sus simples ecuaciones no implican relaciones de causalidad quedarían con una sensación de inseguridad; las simples tautologías pueden explicar cualquier suceso ya ocurrido, pero no predecir eventos futuros.

El concepto de demanda efectiva ayuda a entender las causas de la inflación en los países menos desarrollados; si se produce un aumento de la demanda agregada (digamos que por una evolución muy favorable en los términos del intercambio), los precios tienden a subir porque la elasticidad de oferta no es, por lo general, *muy alta*. El aumento en el costo de la vida que surge de este proceso trae consigo una presión para aumentar el nivel de salarios. Los ingresos monetarios se elevan entonces y la espiral inflacionaria aparece en el sistema.

Otras contribuciones interesantes del sistema keynesiano ayudan a entender algunos problemas del desarrollo; la ayuda externa, por ejemplo. Pero déjeme comentar un punto fundamental que se desprende de la contribución de Harrod. En un artículo que publiqué hace unos años en el *Economic Journal* (9) resumí un largo periodo de discusión alrededor del trabajo de Harrod, y creo que no puede desconocerse uno de los puntos más sobresalientes de su teoría: las economías actuales no pueden crecer a lo largo de una trayectoria estable, y equilibrante, *sin control* y *dirección*. Sin embargo, estoy de acuerdo con usted cuando afirma que al utilizar el marco conceptual de Harrod como modelo para la planeación del desarrollo surgen complicaciones importantes. Por ello considero que las contribuciones de Kalecki pueden ser más relevantes.

D.P.: En la teoría del desarrollo habría dos conceptos de Keynes que podrían adaptarse al caso de un país como Colombia: a) la doctrina del multiplicador, en particular el multiplicador del comercio exterior; b) el concepto de preferencia por la liquidez que es relevante no solamente para entender los problemas de las bolsas de valores y los monetarios, sino para analizar también los determinantes de los precios de algunos productos básicos y la operación de los mercados de futuros.

Entiendo, por otra parte, que el trabajo de Kalecki contiene ideas que se acercan bastante a la teoría general de Keynes, pero no recuerdo que haga uso de la doctrina del multiplicador ni del concepto de la preferencia por la liquidez. ¿Estaría usted de acuerdo?

P.R.: Kalecki descubrió los elementos básicos de la teoría del ahorro, del empleo y de la inversión antes de que Keynes hubiera terminado la formulación de la Teoría General. El asunto de fechas no es muy importante; señala, sí, que la simultaneidad en el descubrimiento de principios importantes es posible en nuestra disciplina. Lo más interesante es caer en la cuenta de que, en varios aspectos, la teoría de Kalecki es más clara, y más sólida, que la keynesíana.

El sistema de Kaleckí se basó en el esquema de reproducción de Marx. Kalecki fue capaz de extraer de Marx el principio de la determinación de la demanda efectiva antes de que otro pudiera hacerlo. Ahora bien, él no trabaja con el multiplicador sino que lo hace con una idea similar a pesar de que carece de una formulación explícita a este respecto. Kalecki ofrece una explicación del proceso (diferente a la de Keynes) mediante la cual un aumento en la inversión induce un incremento en el ahorro y, en vez de apoyarse sobre la función de consumo (Keynes), muestra que un incremento en la inversión genera ahorros adicionales, aumentando las ganancias en relación con los salarios. Tampoco confunde el escenario con la controversia ex-ante, ex-post; supone simplemente que al elevarse la tasa de inversión los salarios también lo hacen, y si simultáneamente aumentan los dividendos distribuidos, las ganancias aumentarían aún más. Consecuentemente, como lo explico en un artículo reciente

(10), Kalecki muestra que un más alto nivel de inversión lleva a un aumento de las ganancias retenidas.

Por otra parte, uno podría aceptar que Kalecki no trabaja con una formulación explícita del multiplicador, pero, en cambio, elabora una teoría del ciclo económico, tema en el cual Keynes no trabajó. El análisis de Kalecki está basado en la distinción entre decisiones de inversión e inversión actual, y muestra que a más alta inversión corresponden mayores ganancias, lo que, a su vez, lleva a una tasa de ganancias esperada mayor estimulándose la inversión adicional, con lo cual, la fase ascendente del ciclo se autorretroalimenta (*self-winding process*). Este proceso, sin embargo, no puede continuar indefinidamente, por cuanto es evidente que ninguna empresa individual tiene a su disposición una cantidad ilimitada de recursos financieros a la tasa de interés que prevalece en el mercado.

En cuanto al aspecto monetario, la teoría de Kalecki es mucho más elaborada que la de Keynes. La distinción entre la inversión actual y los planes de inversión permite evitar muchas de las confusiones en las cuales Keynes se enredó; por ejemplo, la del esquema de la eficiencia marginal del capital que confunde las expectativas de ganancias futuras de empresas individuales con las de la industria tomada globalmente. La aproximación de Kalecki a este tema es, por consiguiente, mucho más clara: las condiciones del momento influyen sobre las decisiones de inversión que están en proceso de ser tomadas y ésta a su vez influye sobre el clima de inversión en el futuro.

D.P.: ¿Cuál fue la reacción de Keynes cuando supo de estas ideas de Kalecki que usted ha comentado?

P.R.: Cuando Kalecki visitó Cambridge en 1936, Keynes quedó muy bien impresionado con él. En ese momento Keynes estaba pensando en reescribir de nuevo la Teoría General en una forma totalmente diferente y no tenía la paciencia para ocuparse de las teorías de otras personas.

D.P.: ¿Qué aspectos de la Teoría General estaba Keynes interesado en modificar?

P.R.: Estaba descontento con su teoría del interés y con la claridad de algunos de sus conceptos. Estaba desilusionado porque muy pocas personas habían logrado entender la esencia de la Teoría General.

D.P.: Como estamos hablando sobre la aplicabilidad de los modelos de crecimiento en los países en desarrollo, me gustaría presentarte un breve comentario sobre su libro *The Accumulation of Capital* (11).

Podría argumentarse que las características esenciales de su modelo no son muy distintas de las estructuras teóricas de Harrod y de Domar. Me sorprende un poco que usted supone la acumulación del capital como una función de la relación ganancias/salarios, lo mismo que de la productividad del trabajo, mientras Harrod y Domar lo hacen depender del nivel del ahorro y de la productividad del capital. ¿Implica esta diferencia que Harrod y Domar se acercan más a Keynes en este aspecto? Con referencia al problema de inestabilidad, de otro lado, ¿considera usted que su modelo es de carácter explosivo? Y digo esto porque usted tiende a sugerir que los mecanismos de equilibrio no son muy fuertes.

Otro aspecto muy importante de los modelos de referencia (Harrod, Hicks, Robinson, etc.) debería estudiarse: ¿son estos modelos realmente dinámicos? Como comentamos con el profesor Hicks recientemente (12), no es claro que los teóricos del crecimiento hayan sido justos con la concepción keynesiana del tiempo, en el sentido de que el pasado es irrevocable y el futuro es incierto. La técnica del estado estacionario y el escribir las variables con un subíndice que implica tiempo da la impresión en efecto de una economía operando en la dimensión temporal. Al postular que el comportamiento presente es resultado de la experiencia pasada queda uno con la impresión de que el concepto griego de la tridimensionalidad del tiempo se ha incorporado al análisis, pero, en realidad, no se deja un lugar para la sorpresa y lo inesperado. El problema surge porque en el estado estacionario todos los puntos en el tiempo son similares. Por consiguiente, los teóricos del crecimiento no han podido incorporar el tiempo en sus refinados esquemas: han dejado por fuera la variable crucial. Esta crítica podría aplicarse claramente al modelo de Harrod, aun cuando tengo la impresión de que sería posible extenderla a sus modelos de crecimiento y de edades de oro.

P.R.: Utilizo el marco de la edad de oro como un procedimiento para realizar experimentos intelectuales y no como una hipótesis. El principal mérito de este ejercicio es que permite imaginar un camino histórico (no necesariamente de equilibrio) en el cual la tasa de acumulación (ex-ante), la tasa de crecimiento físicamente posible y las condiciones límites (*boundary conditions*) son compatibles entre sí. Pero el interés de este experimento está no en postular la armonía, sino en arrojar luz sobre diversos tipos de desarmonías. En efecto, al final del libro II muestro que no parece factible el que las condiciones de la edad de oro se puedan cumplir. La edad de oro indica solamente un "estado de cosas" utópico que posiblemente no se encuentre en ninguna economía actual; pero que es necesario describir para mostrar cuan lejos están las economías capitalistas de la tranquilidad, la lucidez y la armonía. Las reglas de juego del sistema capitalista de producción se han desarrollado para que la acumulación del capital sea posible en condiciones de desequilibrio (incertidumbre, por ejemplo); sin embargo, si una economía de libre empresa se somete a choques externos y contradicciones internas, posiblemente no sería capaz de sobrevivir. La supervivencia del capitalismo, hasta el momento, hace evidente cierto grado de coherencia entre la confusión reinante en ese sistema.

Finalmente, lo que usted me comenta sobre su conversación con el profesor Hicks es muy interesante. Daría la impresión de que él asimila mis ideas muy lentamente y luego las coloca cuidadosamente en su subconsciente; con el tiempo empieza uno a ver que aparecen gradualmente en sus trabajos. ¡Un proceso psicológico verdaderamente fascinante!

D.P.: Otro aspecto que reduce la aplicabilidad potencial de los modelos de crecimiento es la falta de conciencia sobre la relación entre la economía y la biología. Keynes sugirió en su ensayo "Economic Possibilities for our Grandchildren" (*13*) que la tasa futura del progreso económico dependía principalmente de los siguientes factores: a) nuestra efectividad para controlar la población; b) nuestra determinación para evitar guerras; c) nuestra disposición para entregarle a la ciencia los problemas que le pertenecen; d) la tasa de acumulación que resulta de la diferencia entre la producción y el consumo. Al combinar el potencial del progreso técnico y el interés compuesto, Keynes imaginó que en el siglo XXI tendríamos una sociedad dedicada a cultivarse espiritualmente y sin afanes de tipo económico. Pero uno tiene la impresión de que Keynes no tuvo en cuenta en su análisis un aspecto que Marshall, su maestro, señalaba con frecuencia: que el proceso económico no es sino una continuación del proceso biológico, tal como lo mantenía el eminente científico A. Lotka (*14*). Si el proceso económico consiste en la transformación de la energía, como lo determina la ley de la entropía, es evidente que en cualquier modelo que intente explicar la realidad es necesario incluir la tasa de extracción de los recursos naturales, especialmente la de los no-renovables.

P.R.: Estoy de acuerdo con la mayor parte de sus comentarios. Keynes estaba consciente de que la aproximación económica a la historia era un solo elemento —indispensable— en el estudio de la sociedad. La economía es una disciplina construida sobre la base de elementos de muchas ciencias: geografía, biología, psicología, etc.; está además en permanente interacción con un amplio espectro de disciplinas; desde la historia de la cultura y la política, hasta el derecho y la religión. Keynes tenía un buen conocimiento de todas estas áreas, aunque es probable que no estuviera suficientemente consciente de la interrelación que existe entre el proceso biológico y el económico.

Adicionalmente a la ley científica mencionada por usted, quisiera añadir que es muy importante tratar de entender las bases biológicos del comportamiento social del hombre para arrojar luz sobre el problema del origen de la sociedad. El hombre se definió en un momento dado como un animal constructor de herramientas; pero no son las herramientas, ni as buenas maneras, las que lo distinguen: es el lenguaje. O sea, el procedimiento que habilitó al hombre para transmitir información sobre cosas no presentes, y para especular sobre hechos desconocidos, constituyó el gran paso hacia adelante; el lenguaje volvió la vida social mucho más rica y compleja lo que hace, evidentemente, que la vida económica del hombre sea mucho más complicada que la de cualquier otra especie.

Ahora bien, el sueño keynesiano de un alto nivel de vida para todos ha sido alcanzado en países como los Estados Unidos y Suecia. Pero, como lo he planteado en uno de mis libros (15), el cambio en la escala de valores que Keynes buscaba no se ha dado en la realidad; por el contrario, las consideraciones comerciales siguen invadiendo cada vez más aspectos de la vida social.

D.P.: Ahora que usted ha tocado el tema de los fundamentos de la economía, quisiera presentarle un breve contraste entre los principios epistemológicos de la teoría de Keynes y los de sus antecesores. Considero que, adicionalmente a los esfuerzos que se han realizado para contrastar la teoría clásica y la keynesiana desde un punto de vista técnico (16) se debe hacer un intento serio por comparar también los aspectos metodológicos. El problema es que este ejercicio no es tan sencillo puesto que Keynes no escribió un libro como su

Economic Philosophy (17). Sin embargo, es claro que Keynes fue influenciado por los filósofos eminentes que enseñaban en Cambridge en su época (en particular por B. Russell y G-E. Moore) y, además, la elaboración de su *Treatise on Probability* (18) influyó claramente en su concepción del mundo.

Tengo la impresión de que la Teoría General de Keynes es un libro muy difícil porque representa la culminación de un largo proceso intelectual. El lector de la obra debe estar familiarizado, entonces, con los escritos anteriores de Keynes y no solamente con los trabajos sobre teoría monetaria (19) sino con el *Treatise on Probability* y su excelente análisis respecto a las consecuencias económicas de la paz. Creo además que Samuelson (20) está profundamente equivocado cuando afirma que no hay ningún elemento en los escritos previos de Keynes que le ayude al lector a penetrar en la oscura argumentación de la Teoría General. Si la economía es una disciplina suspendida en la mitad del camino entre el segundo y el tercer mundo del profesor Popper (21), es importante reconstruir la *weltanschauung* keynesiana (su visión del mundo) y, en particular, sus principios epistemológicos. Jevons, Walras. Marshall y Pigou adoptaron enfoques ligeramente distintos, pero siguieron el principio cartesiano del paradigma de las ciencias naturales; Keynes consideraba que la economía era una ciencia moral y, en vez de utilizar un método atemporal, micro, determinístico, matemático y mecánico, prefirió adoptar un método de tipo histórico, institucional, no-determinístico, macro y literario. Una pregunta importante debe formularse: ¿por qué un matemático como Keynes acabó acercándose a la filosofía kantiana y poskantiana (Dilthey, Troeltsch) y rechazó los fundamentos epistemológicos diseñados por Descartes? No tengo conocimiento de que Keynes haya seguido los debates que surgieron sobre las diferencias que pueden establecerse entre las ciencias naturales y las ciencias culturales o del espíritu (*Die Natur und kultur oder Geistwissenschaften*).

Es paradójico que Keynes acabara más cerca de Shakespeare, Nietzsche y Kierkegaard que de Descartes y de Mill. Mi hipótesis sobre este punto podría resumirse de la siguiente forma: Keynes desarrolló sus ideas sobre la importancia del tiempo en su *Treatise on Probability*, su teoría lógico-subjetiva de la probabilidad es la base para construir la función de preferencia por la liquidez. El profesor Popper (22) ha criticado la interpretación de la probabilidad de Keynes porque no encaja muy bien dentro de importantes situaciones que los físicos encuentran en el campo de la mecánica cuántica. Pero el problema radica en que el principio de incertidumbre de Heisenberg no introduce tantas complicaciones como el concepto de incertidumbre pura introduce en la economía. En este sentido, es posible que la teoría de las propensiones probabilísticas de Popper puedan ser una mejor especificación que la ya tradicional axiomatización de Kolmogorov. Creo que podría argumentarse que la contribución de Popper está restringida a las ciencias naturales mientras la teoría de Keynes, poniendo el énfasis sobre los grados de creencia, podría ser la apropiada para las disciplinas humanas.

La actitud negativa de Keynes hacia la aplicación de técnicas matemáticas en la economía puede tener sus raíces en la tradición de Cambridge, pero su experiencia con la teoría de la probabilidad arroja luz sobre esta importante materia. Por otra parte, la influencia de Moore sobre Keynes le llevó a adoptar lo que él describe como estados apasionados de contemplación y un esquema mental racionalista. Sin embargo, los eventos que le tocó presenciar en Versalles lo llevaron a su escepticismo sobre la posibilidad de entender el comportamiento humano con modelos mecánicos. Los argumentos y el comportamiento de Wilson, Clemenceau y Lloyd George no podían ajustarse fácilmente a la lógica cartesiana; cuando se leen muchos de los fascinantes párrafos de las *Consecuencias económicas de la paz*, se percibe que Keynes está dando una gran batalla contra el pensamiento abstracto (en el sentido de Goethe, digamos).

En resumen, el tratado de probabilidad de Keynes, sus relaciones con Russell y Moore, y su experiencia como negociador internacional, suministran material muy interesante para reconstruir su método y entender mejor su obra maestra, conclusión que está en contra de la opinión del profesor Samuelson.

P.R.: La línea de investigación sugerida es interesante. Me parece, además, que sería fructífero e iluminante continuar analizando esos aspectos de la obra de Keynes. Estoy de acuerdo con usted en que la Teoría General es un libro difícil, entre otras razones, porque le tomó muchos años a Keynes para llegar a sus principales ideas; fue una larga batalla para lograr escapar de la teoría tradicional, como él solía comentar. El proceso intelectual de Keynes fue largo y nunca llegó a completarlo. Su *weltanschauung*, término que usted ha introducido en la discusión, varió a través del tiempo. Consideremos por ejemplo su ensayo "The End of *Laissez-Faire*", trabajo en el cual adelanta una serie de argumentos para mostrar que el interés propio no conduce necesariamente al bienestar público, aun cuando consideraba que si el sistema capitalista se manejaba con cuidado se podrían elevar los niveles de vida y estimular el proceso de acumulación del capital. Pero Keynes consideraba este sistema no como inmutable sino como una fase del desarrollo histórico.

Keynes incorpora en una forma explícita el tiempo en la teoría económica y vuelve a traer a la escena el problema moral. Uno de los aspectos que hizo la Teoría General muy difícil de asimilar fue la proposición de que las virtudes privadas (como el ahorro) podrían convertirse en vicios públicos. Keynes demostró en una forma muy convincente que no era posible creer en una reconciliación de intereses (muchas veces conflictivos) de tal forma que surgiera un todo armónico. No sé si Keynes salvó al capitalismo; de lo que sí estoy segura es de que salvó a la economía como disciplina seria y académica. No solamente volvió a introducir el problema de los juicios morales —la economía política volvió a nacer— sino que visualizó a unos agentes económicos incapacitados para prever el futuro, contradiciendo así la teoría de sus predecesores; en realidad se dio un gran paso al operar con seres humanos reales y no abstractos. Como he dicho, sin embargo, la concepción keynesiana de la eficacia relativa de las fuerzas del mercado y de la acción colectiva varió a través de su vida. Algunas veces habló de la necesidad de socializar la inversión y en algunos apartes de la Teoría General afirmó que el sistema capitalista sí está en capacidad de asignar los recursos eficientemente. Es cierto que Keynes nunca le puso mucha atención a la microeconomía y a la teoría del valor. Pero nunca logró escaparse completamente de la teoría económica neoclásica.

Usted se orienta en la dirección correcta cuando afirma que Keynes veía que la vida económica no puede entenderse como un esquema racional; en este sentido, su comentario me parece apropiado, él estaba más cerca de Shakespeare que de Descartes. La visión keynesiana de la economía era estética. Quería eliminar la pobreza porque era horrible y quería eliminar el desempleo porque era estúpido. Por otra parte, el contraste que usted presenta entre las teorías probabilísticas de Popper y Keynes es interesante y podría reflejar la dicotomía que existe entre las ciencias naturales y las ciencias sociales. La economía definitivamente no es una ciencia natural. Los métodos de la astronomía y la física —el experimento controlado y la repetición de los fenómenos— no pueden ser aplicados al estudio de seres humanos por observadores humanos. Esto no implica que los economistas abandonen el método científico o que salten a conclusiones sobre la base de pruebas poco adecuadas o razonen con argumentos circulares; implica sencillamente que deberían estar conscientes de que su material tiene un mayor contenido ideológico y político que el de las ciencias naturales.

La economía tiene que flotar en medio de afirmaciones metafísicas, morales y científicas. Keynes estaba consciente de que un buen economista debería alcanzar un nivel alto en disciplinas muy variadas. Como escribió en el obituario de Marshall (23), un buen economista debe ser en algún grado historiador, matemático, estadista, filósofo y estudiante de la naturaleza humana. Decía con frecuencia que los economistas competentes eran extremadamente raros porque era muy difícil encontrar todos estos atributos en un solo ser humano; admiraba a Marshall porque cumplía buena parte de las condiciones.

D.P.: Creo que toca distinguir entre proposiciones de tipo ideológico y proposiciones de tipo epistemológico. Las primeras se refieren a las creencias de *una persona* y las segundas señalan la forma como *un sistema* intelectual se ha estructurado.

En este contexto, me permití desafiar la afirmación del profesor Samuelson (24) en el sentido de que las matemáticas y el lenguaje son isomórficos; pero lo discutí en el terreno epistemológico y no en el ideológico: las matemáticas no pueden manejar los elementos cualitativos.

P.R.: Ésa es una distinción útil. Estoy de acuerdo con usted en que las matemáticas y el lenguaje no son isomórficos. Dos de los economistas más sobresalientes de esta universidad, Marshall y Keynes, llegaron a la misma conclusión, y ambos fueron entrenados en el área de las matemáticas puras. Marshall solía decir que no es posible poner en términos matemáticos proposiciones como las siguientes: "La reina Victoria fue mejor como mujer que como reina." Pero Marshall amaba la claridad y la precisión de las matemáticas y, por lo tanto, decidió utilizarlas como su vicio secreto; sabiendo que no había un papel destacado para las matemáticas en la economía, se encerraba en sus ratos de ocio a jugar con toda clase de ecuaciones. Keynes tuvo la misma experiencia; su mente fue ciertamente moldeada por su *Treatise on Probability*. Pero su afán por explicar la realidad y no por jugar simplemente con la lógica, le condujo a abandonar el método matemático. Keynes era muy escéptico de la validez de la econometría. Sin embargo, los sistemas de cuentas nacionales y la aplicación de la estadística en la economía le deben mucho a él. No sé cuál sería la reacción de Keynes hoy en día si se le presentara un ejercicio econométrico serio y cuidadoso; todo lo que puedo decir es que el profesor Champernowne, que tiene un buen entrenamiento matemático y ayuda, como usted sabe, a la gente de esta facultad en sus ejercicios, incluyendo a mi persona, comparte el escepticismo de Keynes.

D.P.: Déjeme presentarle ahora un breve análisis del impacto de algunas de las ideas keynesianas sobre el manejo de la economía colombiana en años recientes. Lauchlin Currie ha sugerido una solución al problema del desempleo en países en desarrollo (25) que difiere de los enfoques tradicionales como el modelo de la economía restringida por disponibilidad de divisas de Nelson (26) o el dualista de Eckaus (27). Su propuesta fue la base para la formulación de un plan de desarrollo de cuatro años (1970-1974) adoptado por el gobierno colombiano y ejecutado en buen grado. Es necesario adelantar un ejercicio riguroso para entender los principales efectos económicos del plan. Me limitaré a presentarte un breve análisis del planteamiento conceptual de Currie.

En el modelo de Nelson, la disponibilidad de divisas es el limitante crucial; en el de Eckaus, el capital es el factor escaso. Ambos recomiendan naturalmente aumentar la flexibilidad de los precios, promover la sustitución entre los factores y buscar formas de aumentar los recursos escasos. Para Currie era muy difícil llevar a la práctica esas recomendaciones, por lo cual decidió sugerir una opción: "dirigir la demanda interna hacia una canasta de bienes y servicios de consumo popular, cuya producción exigiera menos importaciones por dólar de producción en comparación con la requerida bajo la actual estructura de la demanda." Currie consideró, entonces, que la vivienda masiva cumpliría con esa condición, con la ventaja adicional de que la alta generación de empleo de este sector induciría efectos a través de la operación del multiplicador y estimularía el crecimiento de la economía.

Evidentemente, la concepción Currie está inspirada en los trabajos de Keynes. Sin embargo, Currie se inclina a no tener en cuenta el hecho de que la elasticidad de la oferta, muy alta en Inglaterra cuando Keynes escribía la Teoría General, es relativamente baja en países como Colombia en donde existen toda clase de obstáculos y cuellos de botella para aumentar la producción. Concuerdo con Currie en el sentido de que la generación de empleo debería ser prioritaria en la formulación de los objetivos de la política económica. Pero la estrategia que se diseñe para alcanzar el pleno empleo debe ser elaborada en tal forma que se tomen en cuenta las múltiples limitaciones —técnicas físicas e institucionales— que operan por el lado de la oferta agregada.

Currie ha planteado la tesis de que este enfoque no corresponde exactamente a la expansión keynesiana de la demanda efectiva. Ahora asocia su estrategia con el nombre de Say en vez del de Keynes; sin embargo, considera que la limitación más importante para un crecimiento acelerado es la ausencia de un nivel apropiado de la demanda efectiva, a nivel macro económico. Ha tratado de explicar su paradójica posición (muchas personas lo consideran un keynesiano puro, particularmente por sus recomendaciones al presidente Roosevelt), señalando que Keynes malentendió a Say al mantener que su ley implicaba siempre la existencia de pleno empleo en la economía. De acuerdo con Currie, Say estaba interesado en buscar detrás del velo del dinero para descubrir aquella demanda que activa como regla general a la demanda monetaria. Pero creo que se puede sostener que Keynes invirtió la ley de Say y que la distinción de Currie no es del todo clara.

P.R..: A mí me parece claro que el desempleo en los países en desarrollo no se debe a una deficiencia de la demanda efectiva sino a una deficiencia de equipo. Los remedios keynesianos pueden ser efectivos como una solución al problema de la subutilización de capacidad instalada, pero no pueden llevar a la creación de capacidad adicional por sí solos. En el contexto del desarrollo, la mano de obra desempleada debería ser considerada como un recurso potencial. En el tercer mundo uno encuentra muchos países que consideran que los trabajadores desempleados son un gran problema, sin caer en la cuenta de que los hombres y las mujeres capaces son un recurso valioso que puede contribuir al proceso de desarrollo. El único país del tercer mundo que ha logrado resolver el problema del desempleo es China, con su política de "caminar en dos pies". Es decir, formulando políticas de inversión selectivas y, a medida que el proceso de acumulación del capital avanza, haciendo que las técnicas tradicionales y las modernas coexistan (digamos, los burros y el ferrocarril).

En cuanto a la ley de Say, estaría de acuerdo en que su versión clásica no implica que deba existir pleno empleo en todo momento. Pero la ley sí postula que no puede existir un exceso general de producción. La ley de Say implica que el ahorro determina la tasa de inversión. Y la magnitud de ahorro no es independiente de la tasa de inversión; si hay un aumento en el nivel de la inversión, el ingreso crecerá, y eso induce un aumento en el ahorro. Al señalar Keynes esto, puso la ley de Say en reverso.

D.P.: El problema del desempleo en los países en desarrollo parece estar conectado con el tema de la selección de técnicas de producción. En este contexto quisiera comentar acerca de la controversia sobre la teoría del capital entre MIT y Cambridge. ¿Estaría usted de acuerdo en que los principales problemas de la teoría del capital y de la economía neoclásica no están relacionados con el problema del redesplazamiento de técnicas (*reswitching*) sino con problemas derivados de los conceptos de equilibrio, expectativas, economías de escala, etc.? En otras palabras, el supuesto de la ausencia de redesplazamiento múltiple puede ser mucho menos heroico que otros supuestos, si se miran desde un punto de vista empírico. En uno de sus artículos recientes (28) usted parece sugerir esto y, por lo tanto, la causa por la cual profesores eminentes le han dedicado tanto tiempo a este problema es un misterio. ¿Será que la importancia empírica de un fenómeno no la toman en cuenta algunos de los teóricos?

P.R.: Todas las controversias deberían conducir eventualmente a un acuerdo, puesto que las reglas de la lógica y la prueba disponible son las mismas para todos. Como lo he afirmado en un librito de hace ya varios años (29), existen cinco razones por las cuales empieza normalmente una controversia:

1) Porque los participantes no logran hacer entender sus puntos de vista;
2) Porque alguien ha cometido un error de lógica;
3) Porque los participantes están trabajando con supuestos distintos;
4) Porque no hay suficiente prueba para aclarar un punto de tipo empírico;
5) Porque la visión ideológica de los participantes es distinta.

En un momento dado del debate, el profesor Samuelson admitió muy honestamente que se había equivocado al intentar construir una seudofunción de producción (30). Pero el debate continuó en el terreno ideológico y no en el lógico. Una vez que los profesores de MIT dejan a un lado los precios del mercado quedan muy preocupados y tratan de esconder sus dudas haciendo alarde de sabiduría (*bluffing*). Sin embargo, se ha presentado también controversia por falta de entendimiento.

Después de que publiqué un artículo reciente (31), el profesor Samuelson contestó en una forma que mostraba que él no ha entendido todavía la distinción entre el tiempo lógico y el tiempo histórico que comentábamos cuando usted planteó algunos elementos de la posición epistemológica de Keynes. Ahora bien, estaría de acuerdo en que la importancia empírica del redesplazamiento de técnicas (*reswitching*) no es un punto esencial de la controversia. En efecto, este fenómeno no puede ocurrir en la realidad, sólo se presenta en un modelo que ha fracasado en términos de su poder explicativo; por lo tanto, la contribución de este fenómeno (*reswitching*) es puramente negativa: muestra que la definición de capital no es independiente de la distribución del ingreso.

D.P.: Sería interesante discutir el problema de selección de técnicas que he mencionado. Algunas personas consideran que la lógica que está detrás de la recomendación de incorporar técnicas intensivas en mano de obra se ve afectada por la controversia sobre la teoría del capital. Creo que este punto no es tan relevante para el problema de la proporción de los factores. Cuando uno se refiere a técnicas intensivas en trabajo está hablando en términos de la inversión adicional que se podría hacer en el futuro y no del *stock* de capital existente.

P.R.: La controversia sobre la teoría del capital arroja luz para entender por qué el enfoque que usted propone no funciona. El objetivo del desarrollo no es llegar a la menor producción por persona —generada por la técnica más intensiva en trabajo— sino más bien obtener mayor producción por unidad de inversión. El concepto del grado de mecanización, que explico en el libro que escribí con el señor Eatwell, es apropiado en este contexto. La meta de la inversión es reducir el contenido de trabajo de bienes particulares, aumentando la producción por persona.

La selección de proyectos debe hacerse en términos del trabajo futuro ahorrado por unidad de inversión actual. Cuando un planificador se enfrenta al problema de escoger entre técnicas conocidas debe rechazar aquello que lleve a un menor nivel de producción por unidad de inversión y a un menor nivel de producción por hombre.

D.P.: Quisiera comentarle, pasando a otro asunto, que he estado analizando distintos modelos que intentan simular la operación de algunos mercados mundiales de productos básicos. He analizado modelos de equilibrio general, modelos basados en el teorema de la telaraña, modelos basados en el análisis de sistemas y otros. Las fluctuaciones de precios tienen serias repercusiones y, por lo tanto, es vital desarrollar marcos conceptuales que busquen alcanzar el mayor grado de poder explicativo posible, con el fin de orientar los esfuerzos hacia la estabilización. Un limitante grave de todos estos modelos que he mencionado es que asumen no sólo competencia perfecta sino, también, anticipación perfecta. Un tratamiento más realista de las situaciones bajo estudio (los casos del café y del petróleo, por ejemplo) sería describir estos mercados como oligopolios bilaterales operando en condiciones de incertidumbre. En este contexto, ¿cómo podría utilizarse su teoría de la competencia imperfecta? (32).

Su modelo no parece apropiado porque evade el principal problema de una teoría encaminada a entender el caso del oligopolio, vale decir, la existencia de decisiones entrecruzadas. El oligopolio implica interdependencia en el proceso de toma de decisiones de los agentes económicos, y usted no toma este aspecto en consideración. El dilema de los prisioneros es más relevante, pero, al trasladarlo a la teoría de juegos, los supuestos que están detrás del concepto de utilidad de Von Neumann y Morgenstern eliminan las expectativas y las jugadas sorpresivas. Sin embargo, si la teoría de juegos se utiliza como una técnica de simulación, y no como una herramienta, creo que es posible desarrollar un marco conceptual más adecuado.

P.R.: Mi teoría sobre la competencia imperfecta tuvo una acogida muy entusiasta porque en ese momento la teoría económica estaba aislada de los problemas del mundo real. Ahora considero que estaba transitando por un camino errado. La teoría dinámica, es decir, el análisis de los problemas relacionados con el empleo y la acumulación del capital es mucho más importante que la elaboración de una teoría del valor.

En términos de su contribución a la teoría de los precios, la economía de la competencia imperfecta es un trabajo muy primitivo. No creo que ayude mucho para entender el comportamiento de los precios de los productos básicos. El punto más débil de mi teoría es que no puede incorporar la dimensión temporal. Y estaría de acuerdo con usted en que no analicé el caso del oligopolio. Esta omisión no se debe a que haya considerado poco interesante esta situación sino a que no fui capaz de formular un marco conceptual adecuado. Finalmente, la teoría de juegos de Von Neumann constituyó un aporte interesante a la economía.

Sin embargo, considero que hay una diferencia esencial entre un juego con reglas estables y conocidas, y la lucha por sobrevivir que se observa en una economía de libre mercado.

D.P.: Quisiera presentarle ahora unas breves consideraciones sobre la economía marxista. Primero que todo, siempre ha sido paradójico para mí el porqué seguidores de Marx insisten en que su sistema es el único científico y que los demás son ideológicos. Yo diría que afirmar que un tema intelectual carece de juicios de valor y es puramente objetivo constituye en sí mismo un juicio de valor en el campo de las ciencias sociales. Por otra parte, el profesor Popper (33) ha mostrado en una forma muy convincente que el criterio para distinguir entre proposiciones científicas y proposiciones metafísicas es su falsificación potencial y su refutabilidad. Pero el marxismo ha decidido inmunizarse de la crítica y se ha estancado. Tal vez la única persona que trató de reconsiderar ciertos aspectos de la teoría de Marx fue Rosa Luxemburgo, pero su libro fue rechazado, como todos sabemos, por los marxistas *y* los no marxistas.

Un sistema dogmático y cerrado no puede reclamar *status* científico. No está en capacidad de evolucionar mientras no acepte el procedimiento de la conjetura y la refutación. Considero que el sistema que Marx elaboró es un aporte valioso para entender el funcionamiento de una economía de libre empresa. Sin embargo, su modelo es débil en varios puntos, como lo refleja el fracaso de algunas de las predicciones de largo plazo de Marx:

1) ¿Por qué la revolución que predijo para Inglaterra en el siglo pasado no ocurrió? Primero que todo, porque algunos de sus principios epistemológicos parecen errados. Marx aceptó el historicismo de Hegel sin haberlo analizado críticamente. La historia no es cíclica, como lo muestran las dificultades a las cuales se han visto sometidos los esquemas de personas como Spengler y Toynbee, y no es predecible. Los astrónomos pueden predecir eclipses, pero los sociólogos no tienen ningún método que les permita predecir revoluciones. En segundo lugar, Marx subestimó la importancia del impacto de la educación sobre la estructura de la sociedad; su análisis

se desarrolló tomando como base el conflicto entre dos clases sin concebir la posibilidad de la aparición de una nueva clase caracterizada por poseer capital humano y no necesariamente capital físico. Las posibilidades de aprendizaje y el mayor nivel educativo de la fuerza laboral, han llevado a un incremento en la productividad del trabajo que se ha traducido en salarios crecientes. Por lo tanto, la predicción de Marx relativa a la pauperización del proletariado no ha contado con el respaldo del mundo real.

2) La doctrina marxista relacionada con la ley de la tasa decreciente del nivel de las ganancias que llevaría a un estancamiento crónico del sistema, ha fallado también. Creo que volvemos a caer en la cuenta de que los cimientos epistemológicos de su sistema no son tan sólidos como parecen. Marx asume que el progreso técnico es ahorrador de trabajo y en esta forma vuelve a caer en el determinismo —el pecado hegeliano. El progreso técnico no es predecible. Puede ser ahorrador en trabajo o capital. El sistema marxista está basado en la filosofía de Hegel y en los principios económicos de Ricardo. Estas dos bases tienen debilidades importantes.

Si el marxismo busca evolucionar, tiene que abandonar algunos de sus principios epistemológicos e ideológicos. Es un sistema que requiere una amplia reconstrucción. Después de todo, Marx estaba escribiendo en un periodo bastante particular de la historia inglesa y, hoy en día, tenemos mucho más conocimiento de la forma en la cual opera el sistema económico internacional. Asimismo, los científicos sociales y los naturales han hecho aportes importantes en este siglo y habría bastante material para avanzar en la reconstrucción. Estoy convencido de que si Marx resucitara, sería el primero en volver a comenzar su análisis. Pero muchos de sus seguidores tienen un grado de admiración hacía él tan grande, que se abstienen de leer sus obras, como pasa con la Biblia o con la Teoría General de Keynes.

P.R.: Debo empezar afirmando que considero, junto con el profesor Schumpeter (34), que Marx fue un gran economista. Una de sus principales contribuciones a la historia del pensamiento fue la de haber señalado el elemento ideológico en el desarrollo de las disciplinas sociales. Pero el marxismo es también una ideología y muchos de los seguidores de Marx aceptan sus hipótesis como dogmas. Han tratado a Marx como un gran profeta y no como un científico; al hacer esto han ahogado el elemento científico de la teoría de Marx en la teología. Estoy de acuerdo en que la ciencia avanza mediante el método del ensayo y el error y en que, cuando los errores no se reconocen, no hay progreso.

Marx sí adelantó hipótesis que pueden contrastarse con la prueba empírica. Déjeme examinar brevemente algunas de las predicciones que usted ha señalado. Todo parece indicar que la predicción de Marx relacionada con la miseria creciente del proletariado no se ha cumplido. Marx no tuvo en cuenta el hecho de que el aumento en la productividad del trabajo, que induce el sistema capitalista, ha sido suficiente para estimular un proceso dinámico de la acumulación de capital y un mejoramiento de las condiciones de vida de los trabajadores. Cuando uno desafía a los marxistas en relación con este punto en particular, rehúsan aceptar que su maestro se equivocó. Prefieren adoptar una actitud dogmática y negar que ha habido aumentos en el nivel de salarios, o se refugian en la tesis de que Marx nunca hizo esa predicción. Pero la situación es que en este caso el poderoso análisis de Marx ha fracasado y requiere una reconstrucción significativa.

La doctrina de la tasa decreciente de ganancias es muy confusa. Primero, porque la definición de la composición orgánica del capital es ambigua. Segundo, porque como he señalado en mi ensayo sobre la economía marxista (35), la ley de la tasa decreciente de ganancia está en contradicción con el resto de la argumentación de Marx. Porque si uno supone como Marx que la tasa de explotación es constante, los salarios reales deberían aumentar a medida que la productividad crece.

En relación con la visión cíclica de la historia de Marx, estaría de acuerdo en que este concepto no ha sido compatible con la observación. El socialismo no ha surgido de las sociedades industriales avanzadas como lo plantea su teoría de las etapas históricas. Por el contrario, parece haber una clara relación entre la pobreza de las naciones y su propensión a volverse Estados socialistas. Usted podría estar en la verdad al afirmar que Marx aceptó el método de Hegel sin suficiente reflexión. En mi "Carta abierta de un keynesiano a un marxista" comenté, en un momento de humor, que cada vez que trato de discutir un punto concreto con un marxista, él me habla en hegeliano, un idioma que no entiendo. Por ejemplo, la definición de Marx del capital constante (si es un flujo o un *stock*) es muy difícil de discutir con un marxista. Siempre ofrecen explicaciones hegelianas y, como dan por entendido que Marx era un genio, que no pudo haberse equivocado, no se toman el trabajo de aclarar el asunto. Sin embargo, no hay duda de que la contribución de Marx a la teoría económica y a la historia del pensamiento económico fue muy grande, y de que la interpretación económica de la historia es un método fructífero.

Con referencia al trabajo de Rosa Luxemburgo, yo decía en la introducción de la edición inglesa que su libro ofrece una teoría de la acumulación del capital de mucho interés. En varios aspectos logró avanzar sobre la formulación de Marx (aun si los marxistas no lo reconocen). Tome, por ejemplo, la influencia de la geografía y el clima sobre la evolución económica de un país. Marx nunca anticipó las grandes diferencias de nivel de vida que surgieran entre el Norte y el Sur de América. Tampoco tomó en cuenta la influencia del clima sobre la naturaleza humana. Rosa Luxemburgo discute este tema en una forma explícita; sin embargo, no acepta que los salarios reales hayan aumentado en el mundo capitalista. En síntesis, a pesar de todas sus debilidades, el marxismo tiene mucho que aportar y, si se procede a reconstruirlo cuidadosamente, es un sistema capaz de mejorar mucho.

D.P.: Otro punto que causa dificultad es la teoría del valor trabajo de Marx. Se ha afirmado que el célebre problema de la transformación ha sido resuelto por P. Sraffa (36), aun cuando mi impresión es que la solución de Sraffa es hipotética. En la construcción de su estándar invariable del valor, él asume una tasa uniforme de ganancia en toda la economía. Como yo le señalaba en una conversación que tuvimos hace unos años, el supuesto de una tasa uniforme de ganancia es incompatible con su famoso artículo de 1925. Si se consideran los fenómenos de economías de escala, incertidumbre y oligopolio, no es clara la forma en la cual surja una tasa uniforme de ganancia.

P.R.: La búsqueda de un estándar invariable del valor está basada en una analogía falsa. La longitud y el peso son relaciones entre el hombre y el mundo físico. El valor surge en relaciones sociales, es decir, es una relación entre el hombre y el hombre. La solución de Sraffa al problema es muy artificial, pero su contribución muy importante. Sraffa desafió en una forma seria el concepto de la productividad marginal del capital.

Yo diría por otro lado que la teoría del valor trabajo es grandilocuente, política e ideológica. En el fondo no afirma nada; traté de mostrar en mi ensayo sobre la economía marxista que la teoría del valor trabajo no es importante para desarrollar los argumentos de Marx, es solamente una tautología.

D.P.: Usted ha tenido la oportunidad de viajar y escribir sobre la República Popular China. Parecería interesante registrar sus comentarios sobre algunos puntos en vista de que los asuntos chinos siguen siendo un misterio para mucha gente: 1) En uno de sus libros, *Notes on China*, usted explica que los chinos consideran a los Estados Unidos como una gran amenaza para la humanidad. ¿Pero no están igualmente, o aun más, preocupados con Rusia? Eventos recientes sugieren que China está acercándose más a una política de cooperación que a una de confrontación con los Estados Unidos. 2) ¿Cuál es la actitud de los planeadores chinos hacia los nuevos métodos de la planeación desarrollada por personas como el profesor Kantorovich (37) en Rusia y que ponen el énfasis en la asignación eficiente de los recursos y el rompimiento de la rigidez de un centralismo exagerado? ¿Diría usted que la planeación en China ha tenido éxito en el sentido de que se han alcanzado las metas propuestas? 3) ¿Cuál es el balance actual entre incentivos morales y materiales para aumentar la producción? 4) ¿Hasta qué punto se está convirtiendo el sector industrial en el sector líder de la economía? De acuerdo con un artículo escrito por J. Low (38), la tasa de crecimiento de la industria China para los últimos 20 años ha estado alrededor del 7 por ciento mientras que la de la agricultura ha oscilado entre el 2 y el 3 por ciento.

P.R.: La actitud de China hacia los Estados Unidos y hacia Rusia ha evolucionado a través del tiempo. Hay, ciertamente, una atmósfera de tensión en las relaciones entre China y Rusia. Con referencia a los métodos chinos de la planeación, me gustaría decir lo siguiente: los planificadores han estudiado cuidadosamente la experiencia soviética para aprender de sus errores. Por ello, se utilizan algunas técnicas matemáticas, como los balances materiales, pero los lineamientos generales del plan son dictados, naturalmente, por el partido comunista. Parece haber un problema de disparidad de ingresos entre regiones y, por tanto, se introducen parámetros para buscar un desarrollo regional más equilibrado. El sistema no está controlado por ningún criterio de éxito como la rentabilidad, sino, como los mismos chinos lo explican, por el alto nivel de conciencia política de los trabajadores.

Con referencia a la industrialización, los chinos rechazaron el método soviético de extraer el excedente del sector agrícola. Los planificadores chinos se las arreglan para que los campesinos tengan cierto nivel de capacidad de compra. A medida que la producción industrial se desarrolla, los términos de intercambio evolucionan a favor de la agricultura. La planeación china ha tenido cierto éxito, pero los terremotos y las catástrofes meteorológicas han hecho muy difícil planear a largo plazo.

D.P.: Para finalizar esta interesante conversación quisiera preguntarle: ¿cuál considera usted su contribución más importante a la teoría económica?

P.R.: Considero *The Accumulation of Capital* como mi libro más importante. Es un trabajo muy imperfecto, pero la materia de que trata es muy importante. Me tocó dar una batalla difícil para escribir ese libro. El progreso técnico, en particular, es un tema imposible.

D.P.: ¿Cuáles han sido sus principales influencias intelectuales?

P.R.: Mi deuda con Keynes es evidente. El privilegio de haber sido miembro del grupo que trabajó con Keynes mientras se escribía la Teoría General fue muy importante en mi desarrollo intelectual. Y Marx tuvo un gran impacto sobre mi forma de pensar, en particular a través de los ojos de Kalecki. Sraffa solía decir que yo consideraba a Marx como un antecesor poco conocido de Kalecki y, en cierto sentido, esto es verdad. Marshall fue también una influencia importante. Pero, como lo he dicho otras veces, cuanto más estudio a Marshall más lo admiro como economista *y* menos como ser humano.

D.P.: ¿Qué áreas de la teoría económica sugeriría que son particularmente relevantes para los estudiantes de los países en desarrollo?

P.R.: Les recomendaría no preocuparse por la teoría del equilibrio y por políticas tipo *laissez-faire*. El mismo concepto del desarrollo es incompatible con las teorías de equilibrio y comercio libre. Y añadiría que la economía tomada individualmente no puede ofrecer las soluciones para los países del tercer mundo. Los debates políticos son los dominantes.

BIBLIOGRAFÍA

1. J. Robinson, "Mr. Harrod's Dynamics", (reseña) *Economic Journal*, marzo de 1949.
2. Véase, por ejemplo, D. Seers (ed.), *The Crisis in Planning*, Edimburgo, 1972.
3. D. Pizano, "Un diálogo con el profesor Tinbergen", en este mismo libro.
4. J,. Robinson, *Economic Philosophy*, Londres, 1962.
5. J. Robinson, *Economic Heresies*, Londres, 1971.
6. T. Swan, "Growth Models of Golden Ages and Production Functions", en *Economic Development*, K. Berrill (ed.), Londres, Macrnillan, 1964.
7. Véase D. Pizano, "Un diálogo con el profesor Hicks", en este mismo libro.
8. J. Robinson, "The Theory of Money and the Analysis of Output", *RES.*, octubre de 1933.
9. J. Robinson, "Harrod After Twenty one Years", *Economic Journal*, septiembre de 1970.
10. J. Robinson, "Michal Kalecki on the Economics of Capitalism", *Oxford Bulletin of Economics and Statistics*, febrero de 1977.
11. J. Robinson, *The Accumulation of Capital*, Londres, 1956.
12. D. Pizano, "Un diálogo con el profesor Hicks", op. cit.
13. J.M. Keynes, *Essays in Persuasion, Collected Works*, Londres, Macmillan, 1971.
14. A. Lotka, *Elements of Physical Biology*, Baltimore, 1925.
15. J. Robinson, *Freedom and Necessity*, Londres, 1971.
16. J.R. Hicks, "Mr. Keynes and the Classics", Econometrica, 1937.
17. J. Robinson, *Economic Philosophy*, op. cit.
18. J.M. Keynes, *A Treatise on Probability, Collected Works*, Londres, Macrnillan, 1971.
19. J.M. Keynes, *A Treatise on Money, Collected Works*, Londres, Macmillan, 1972.
20. P. Samuelson, "The General Theory After Twenty Years", R. Leckacham (ed.), Keynes *General Theory :Reports of Three Decades*, Nueva York, St. Martin's Press, 1964.
21. K. Popper, *Objective Knowledge*, Londres, 1972.
22. K. Popper, *Conjectures and Refutations*, Londres, 4a. ed., 1972.
23. J.M. Keynes, *Collected Works*, Londres, Macmillan, 1971.
24. P. Samuelson, "Economic Theory and Mathematics", A.E.R., 1949. D. Pizano, "Un diálogo con el profesor Samuelson", en este mismo libro.
25. L. Currie, "The Exchange Constraint to Development", *Economic Journal*, 1971.
26. R.R. Nelson, "A Theory of the Low-level Equilibrium Trap", A.E.R., 1959.
27. R. Eckaus, "Factor Propottions in Underdeveloped Countries",A.E.R., 1955.
28. J. Robinson, "The Unimportance of Reswitching", Q.J.E., 1975.
29. J.Robinson, *Introduction to the Theory of Employment*. Londres, 2a. ed., 1969.
30. P. Samuelson, "Parable and Realism in Capital Theory: The Surrogate Production Function", *R.E.S.*, 1962.
31. J. Robinson, "The Unimportance of Reswitching",op. cit.
32. J. Robinson, *The Theory of Imperfect Competition*, Londres, 1933.
33. K. Popper, *The Poverty of Historicism*, Londres, 1958.
34. J. Schumpeter, *Capitalism, Socialism and Democracy*, Londres, I2a. impr., 1970.
35. J. Robinson, *An Essay on Marxian Economics*, Londres, 1942.
36. P. Sraffa, *Production of Commodities by Means of Commodities*, Cambridge, 1961.
37. L.V. Kantorovich, *Essays in Optimal Planning*, Oxford, 1977.
38. J. Low, "Economic Development and Industrialization", en Yuan-Uwu (ed.), *China: A Handbook*, 1973.

VI. UN DIALOGO CON EL PROFESOR PAUL A. SAMUELSON

El primer libro de texto en el área de la economía que leí completo en 1968 fue el del profesor Samuelson. Se trataba de una buena edición editada en Madrid, España. Me pareció que se trataba de una excelente introducción al tema y influyó en mi decisión de estudiar economía ya que me di cuenta que se podían aplicar métodos rigurosos de análisis a la solución y el entendimiento de problemas importantes del mundo real. Luego a través de los años, tuve oportunidad de leer y examinar varios de sus trabajos y me sorprendió la versatilidad de este profesor. Desde la teoría del comercio internacional y la teoría del bienestar hasta la teoría de la finanzas públicas encontré contribuciones originales de este distinguido profesor. Como lo expliqué en el prólogo, este fue el primer académico que apoyó este proyecto y tengo una importante deuda de gratitud con él. Lo visité en abril de 1976 en su oficina del MIT. Por su ventana se observaban varios veleros navegando en el Río Charles. Su mente generaba una gran cantidad de ideas y en ocasiones usaba el tablero de su oficina para explicar un argumento en forma matemática.

El profesor Paul A. Samuelson del MIT no requiere presentación. Basta decir que la Academia de Ciencias de Suecia le confirió el Premio Nobel en 1971 sobre la base de sus múltiples contribuciones a diversos campos de la teoría económica y por ser considerado como el economista que mas ha trabajado por convertir la economía en una ciencia Sus obras completas comprenden más de 500 artículos técnicos y numerosos libros.

Diego Pizano: Quisiera iniciar esta discusión haciendo referencia a un tema que ha suscitado un apreciable grado de controversia entre economistas de diversas tendencias: la naturaleza del conocimiento económico. En mi opinión es esencial conocer el status lógico de las proposiciones económicas. Pero antes de entrar a tratar este punto quisiera conocer su opinión sobre la necesidad o justificación de los debates epistemológicos en nuestra disciplina. Muchos economistas consideran que el status de esta discusión dentro de la jerarquía conceptual es en el mejor de los casos indefinido;[34] ademas, no creen importante conocer algunos elementos derivados de la filosofía de la ciencia para mejorar la calidad de sus hipótesis.

Profesor Samuelson: Me parece que la mayoría de los economistas, la mayor parte del tiempo, no tienen que estar explícitamente conscientes de problemas metodológicos. Hasta cierto punto trabajan como los físicos y los biólogos que conozco, quienes desconocen varios aspectos metodológicos de sus disciplinas. Aún más, miran con cierto recelo a quienes dedican su tiempo a estos problemas y no a buscar o mejorar hipótesis para avanzar en el proceso de entender los fenómenos de la naturaleza y del universo.[35] En realidad, creo que no es necesario que todo estudiante de posgrado que desee realizar trabajos serios tenga que dedicar una proporción significativa de su tiempo a discusiones sobre metodología.

Iría más lejos al afirmar que, si un economista solamente habla sobre estos temas, ello es una buena indicación de su esterilidad y de que no tiene ninguna opción mejor para usar su tiempo. Sin embargo, no veo nada irregular en el hecho de que ciertas personas dediquen una proporción razonable de su tiempo en este tipo de estudios. Personalmente tengo cierto interés en la materia y no *veo* la razón por la cual debo pedir excusas a mis colegas por este hecho.[36]

D.P.: Tal vez uno de los problemas clásicos en esta área es el de determinar hasta dónde la teoría económica se ha construido con base en procesos inductivos o deductivos, o por una combinación de ambos. También me parece importante poner en tela de juicio el planteamiento de Milton Friedman según el cual el realismo de

---

[34] Por ejemplo, D. Roberrson afirma en *Essays in Monetary Theory*, Londres, 1940: "Debo empezar mi defensa diciendo algunas palabras sobre el desagradable tema de la metodología". A su vez, Harrod advierte sobre el riesgo de hablar sobre metodología en su conocido ensayo "The Scope and Method of Economics", *Economic Journal*, septiembre de 1938.

[35] Esta aseveración parece que admite excepciones. Varios miembros eminentes de la comunidad científica como Sir John Ecdes (Premio Nobel de Medicina) han señalado que los trabajos de Karl Popper en el campo de la filosofía de la ciencia han influenciado profundamente el desarrollo de sus trabajos. Entre los libros de Popper, ver entre otros, *The Logic of Scientific Discovery, Objective Knowledge,* y *Conjectures and Refutations.*

[36] Es interesante anotar que el profesor Samuelson subraya mucho mas la necesidad de los debates metodológicos en el prefacio de *Foundations of Economic Analysis*, Harvard University Press, 1947.

los supuestos de una teoría no tiene que ver con la validez de las conclusiones.[37]

P.S.: Realmente el tema requeriría un análisis extenso y, por lo tanto, me restringiré a explicar cuál es mi enfoque metodológico en la etapa actual de mi carrera. Claro está que mi punto de vista no ha sido constante durante mi vida académica, pues la experiencia ha cambiado algunas de mis opiniones; sin embargo, creo que no han sido cambios radicales. Considero que la guía para la construcción del conocimiento científico es la realidad empírica. En otras palabras, la teoría no surge del interior de nuestras cabezas como verdades kantianas, sintéticas *a priori*. El hecho de que ningún cuerpo puede transitar a una velocidad mayor a la de la luz y el hecho de que una manzana y una pluma en el vacío caen siempre a la misma velocidad, son datos de la realidad empírica. Nuestras teorías tienen que adaptarse a los hechos. Por lo tanto, no considero que exista un dilema inexorable en cuanto se refiere a la selección de la inducción o la deducción. Pero si me forzaran con un revólver a escoger entre las dos, me inclinaría por la inducción.

La deducción es esencialmente un problema más prosaico de lenguaje. Si uno denomina un fenómeno como pobreza o *pauvreté*, eso no cambia en sí la naturaleza del problema. Por otra parte, creo que es muy difícil hacer inferencias inductivas. Es difícil encontrar consenso en un jurado de sabios mundiales sobre cuál seria el procedimiento correcto para hacer inferencias con base a la inducción. Pero creo que existe una realidad externa a la cual uno puede tratar de converger a través del tiempo. Esta realidad es tan compleja que nadie aspira a lograr una descripción exhaustiva de todos los aspectos del universo. Describir cómo cada hoja cae en el otoño y sus movimientos posteriores sería tan complicado como la realidad misma. Por eso siempre estamos buscando uniformidades que simplifiquen la realidad, y en ese sentido distorsionan los fenómenos que observamos; pero una buena simplificación estratégica es en mi opinión muy útil.

Como he manifestado que prefiero la inferencia empírica a la deducción teórica, quiero corregir un posible malentendido. Algunas personas creen que los datos de la realidad empírica cuentan solos su propia historia. Todo lo que hay que hacer es ver la realidad con la mente en blanco, como una película de Eastern Kodak, es decir,

---

[37] Véase M.Friedman, *Essays in Positive Economics*, Chicago University Press. 1962.

totalmente liberados de cualquier influencia previa, y los hechos quedan plasmados en el cerebro.

La escuela histórica alemana no debe ser criticada por su interés en los hechos (la escuela de economistas clásicos debería criticarse por su ausencia de interés sobre la realidad empírica), sino porque consideraban que éstos conformarían un esquema por sí solos y serían autoexplicativos.

En todas las ciencias existe un debate entre los que apoyan a Bacon y los que se guían por Newton. Los primeros dirían que simplemente hay que coleccionar todos los datos y éstos se organizan solos, mientras que los segundos piensan que es necesario tener un modelo (o hipótesis teórica) en términos del cual se pueden organizar los datos. Me parece que los campos del conocimiento no son exactamente iguales; en el campo de la mecánica celeste el método de Newton fue muy fructífero. Pero si se trata de hablar de la aleación de metales, si uno mezcla cobre y zinc, puede llegar a lograr un nuevo elemento que no corresponde exactamente a la medida aritmética de los originales. De tal manera que no hay sustituto para investigaciones empíricas detalladas. En síntesis, siempre hay tensión entre los baconianos y los newtonianos. Lo que sí quiero dejar en claro es que soy alérgico a las opiniones de pensadores como Lionel Robbins y Ludwig von Mises (toda la escuela austriaca) que creen en verdades *a priori*. Mi profesor Frank Knight creía hasta cierto punto en ellas. Considero que esta creencia es sólo una ilusión.

También pienso que cuando Milton Friedman dice ciertas cosas inofensivas está de acuerdo con muchos filósofos de la ciencia, pero siempre perturba un buen argumento llevándolo al extremo. No creo que un axioma sea independiente de las conclusiones. Usted conoce mis criterios sobre la materia, luego no me extenderé. Wong ha escrito una tesis de doctorado en Cambridge tratando de refutar mi posición, pero no quisiera comentarla porque hasta el momento no estoy seguro de haberlo entendido.[38]

D.P.: Algunos pensadores neokantianos y poskantianos consideran que se debe hacer una distinción entre las ciencias naturales y las ciencias sociales (*Natur und Kultur Wissenschaften*). Una consecuencia de esta distinción es que las ciencias sociales no pueden seguir la misma trayectoria epistemológica de las ciencias naturales. En

---

38 Véase Stanley Wong, "The F-Twist and the Methodology of Paul Samuelson", *The American Economic Review*, junio de 1975.

este sentido, el sueño de Walras de construir un sistema económico interdependiente sobre la base de sus estudios de mecánica celeste estaba montado sobre una analogía que nunca fue suficientemente justificada.

P.S.: Ludwig von Mises, que representa un extremo de liberalidad económica, también consideraba válida la distinción. Tenía un hermano, Richard von Mises, un físico muy conocido, pero con el cual nunca se pudo entender. Este último era un positivista y Ludwig siempre decía que uno no podía entender a los seres humanos en la misma forma que a las piedras. Pero creo que la distinción no debe subrayarse demasiado. Siempre hay la tendencia a tratar de alcanzar el prestigio de las ciencias exactas, y eso lleva a un cientifismo exagerado y estéril. Todos somos humanos y tenemos esa enfermedad: quedamos fascinados con el rigor.

Por otra parte, lo mismo se decía de la biología. Pero todos los avances de la biología, inclusive el más revolucionario desde Darwin que fue el descubrimiento de la doble hélice, se hicieron con base en la utilización del método de la física. La cristalografía está basada en los mismos supuestos epistemológicos que la física. Una persona que maneje un modelo a la Walras, utilizando las mismas propensiones de comportamiento para una colonia de santos altruistas o una de friedmanitas atómicos (quienes no se preocupan por los demás), estaría avanzando por un camino equivocado. Sería como utilizar las leyes electromagnéticas para explicar las de la gravedad. Son similares, pero no iguales. Creo que lo que modelamos en las ciencias sociales está influenciado por la capacidad imaginativa del hombre. Un astrónomo no puede preguntarse: ¿si fuera una estrella, cómo me comportaría?

En cambio, cada vez que un colega me expone una teoría, por ejemplo sobre el desempleo, puedo realizar un experimento mental y colocarme en la situación del desempleado, y si existe alguna inconsistencia puedo rechazar la hipótesis. Estoy tomando ventaja de este tipo de introspección y no veo ninguna razón para no utilizar este procedimiento. Por otro lado, hay problemas en los cuales la situación puede ser como la planteada en la teoría de juegos donde dos mentes omniscientes manipulan variables que se intersectan y luego se derivan situaciones complejas. Posiblemente esto no se presenta en el campo de la mecánica cuántica.

No hay razones para pensar que algunos de nuestros problemas no son más difíciles que los de las ciencias naturales y otros más fáciles. Pero esto no me tranquiliza frente a alguien que me diga, por ejemplo, usted no puede discutir el problema de la transformación de Marx porque usted es un economista burgués bien pagado que no sabe nada sobre sociología y política. Obviamente que sí mis conocimientos de política y sociología son insuficientes, sería difícil describir la situación política en los países andinos; pero el álgebra de matrices que se utiliza para discutir el problema de tasas iguales de plusvalía *vis à vis* tasas de ganancia iguales (*markup on everything*) está montada sobre postulados lógicos. Por lo tanto, dos personas que entiendan las reglas de las matemáticas pueden ponerse rápidamente de acuerdo. Simplemente estamos hablando del mismo problema. No creo que si $2 + 2 = 4$ es cierto en un paradigma kuhniano y $2+2 = 5$ es cierto en otro, ello sea resultado de que dos personas estén en paradigmas distintos.[39]

Lo anterior no significa que usaría mecánica clásica para explicar observaciones espectrales en el ámbito de la mecánica cuántica. Pero esto último no viola $2 + 2 = 4$ ni tampoco el mundo newtoniano. 2 X 3 es lo mismo que 3X2; pero eso no quiere decir que una matriz A multiplicada por una matriz B sea lo mismo que B X A. Alguien podría decir: ¡usted descartó la lógica! No lo he hecho. La demostración de AxB = BxA depende de que $2 + 2 = 4$ siempre se cumpla. Es solamente un silogismo distinto.

D.P.: Ya que ha tocado el tema de la aplicación de las matemáticas en la economía, quisiera comentar brevemente su planteamiento sobre la equivalencia formal de las matemáticas y el lenguaje.[40] Su afirmación es que las matemáticas no son solamente un lenguaje sino que las matemáticas son lenguaje. Pero ¿cómo se puede demostrar este isomorfismo? Mi impresión es que en ciertas áreas elementales de las matemáticas se puede encontrar una traducción de los símbolos matemáticos al lenguaje literario, pero en el área de teoremas sofisticados, por ejemplo en topología, nos encontramos con un conjunto de proposiciones autónomas (es decir, que se ajusta a la definición Bertrand Russell de las matemáticas puras: "las matemáticas son aquella disciplina en la cual nunca sabemos de qué estamos hablando ni tampoco si es verdad o no"). En el caso de la concepción de Maxwell del campo electromagnético sería difícil, si no imposible, tener una percepción exacta a través del lenguaje

---

39 Véase Thomas Kuhn, "The Structure of Scientific Revolutions", Chicago, 1962.
40 Véase P.A. Samuelson, "Economic Theory and Mathematics". *The American Economic Review*, mayo, 1952.

literario; y viceversa: no parece existir un diccionario, en mi opinión, que nos permita traducir uno de los poemas de Shakespeare al campo de las matemáticas puras. Como usted lo mencionaba, las ciencias sociales han intentado igualar el prestigio de las naturales y han adoptado esquemas excesivamente rigurosos para tratar ciertos problemas que no admiten herramientas tan sofisticadas.

Me parece que los planteamientos de Descartes y Spinoza en el sentido de que la verdad y la prueba matemática son idénticas, han reforzado esta tendencia. Volviendo al caso concreto de la afirmación suya que me he permitido desafiar, parecería que la argumentación estaría basada así: las matemáticas pueden reducirse a la lógica y el lenguaje literario también. Por lo tanto, la lógica es el puente mediante el cual todo lo que puede decirse en una dimensión de pensamiento (matemática o literaria) puede traducirse ala otra. Si ésta es su cadena de raciocinio, cualquier estudioso de la lógica matemática podría contra-argumentar: Russell trató de reducir las matemáticas a la lógica (o buscar un isomorfismo), pero su teoría de los tipos lógicos, que es una pieza fundamental de su demostración, ha sido fuertemente criticada.[41] Además, la conclusión de Godel según la cual la aritmética no puede ser totalmente formalizada, refuerza aún más la dificultad inherente a la ambición de Russell.[42] De tal manera que, basado en estos trabajos, no veo claro cómo la lógica puede ser el vínculo para demostrar el isomorfismo que usted ha propuesto.

P.S.: Usted no puede discutir la lógica dentro de la lógica. El trabajo de Godel no tiene nada que ver con la demostración de si la lógica y las matemáticas son isomórficas. Dentro de un marco lógico, usted no puede probar su propia consistencia.

D.P.: Supongo que se está refiriendo al trabajo de Hilbert y sus proposiciones sobre las metamatemáticas.[43]

P.S.: Sí, pero eso en realidad no prueba la diferencia entre las palabras y las matemáticas. Mi opinión es que todos los debates que se han adelantado en el campo de la lógica matemática (que son bien

---

41 Véase, por ejemplo, F. Fitch, *Symbolic Logic*, Nueva York, 1952, pp. 217-225.
42 Para una exposición de la prueba de Godel, véase E. Nagel, "Godel's Prof.",*Scientific American*, 1956.
43 Ibid., para una explicación de las teorías de Hilbert.

interesantes) no tienen ningún poder para resolver la controversia sobre el isomorfismo entre las matemáticas y el lenguaje.

D.P.: Para estar seguro de que entiendo bien su planteamiento, ¿usted cree que Einstein hubiera podido desarrollar sus ideas sobre la relatividad especial y la general sin la ayuda de matemáticas? Es decir, ¿en lenguaje literario?

P.S.: Sí. Posiblemente le hubiera tomado mucho tiempo, pero en principio hubiera sido factible.

D.P.: Ya que estamos hablando de las matemáticas y la economía, ¿usted cree que para avanzar en el campo de la economía matemática se requieren nuevas herramientas, o mejores supuestos, o ambos? O ¿cuál es la dificultad esencial para mejorar?

P.S.: Hay campos de la teoría económica moderna en los cuales la limitación proviene de la insuficiencia de las matemáticas. Pero muchas dificultades de la teoría económica no se resolverían, aun si tuviéramos otro Debreu.[44] El problema de cómo alcanzar simultáneamente alto nivel de empleo, unos precios estables y una adecuada distribución del ingreso, no creo que requiera un nuevo cálculo tensorial o algo por el estilo. Por otra parte, hay áreas en donde se abusa del grado de sofisticación de las herramientas matemáticas utilizadas.

D.P.: Continuando el tema de la economía matemática, ¿usted cree que Von Neumann logró avanzar considerablemente con su aplicación de la teoría de juegos a la economía puesto que por primera vez se planteó un modelo que pudo incorporar la interdependencia entre variables en el proceso de decisiones de los agentes económicos?[45]

P.S.: Creo que representa una etapa muy importante en la historia del pensamiento; ciertos problemas muy viejos fueron formulados de una manera rigurosa, y en un conjunto limitado de casos se llegó a una solución. Pero creo que su única solución adecuada fue la de

---

44 Véase Gerard Debreu, *Theory of Value: an Axiomatic Analysis of Equilibrium*, John Wiley and Sons, 1959.
45 Véase J. von Neumann y O. Morgenstern, *Theory of Games and Economic Behavior*, Princeton, 1944.

juegos de dos personas de suma cero, y la mayoría de los problemas económicos interesantes son de suma no cero.[46]

D.P.: Pasando a otro tema, algunos economistas como Kenneth Arrow y Frank Hahn han manifestado recientemente que las limitaciones de la teoría neoclásica no están realmente relacionadas con el problema del redes-plazamiento de técnicas ni con las paradojas de las controversias de Cambridge sobre la teoría del capital, sino más bien con las dificultades inherentes a los siguientes problemas: a) los obstáculos para incorporar el caso de los *rendimientos crecientes a escala*; b) la dificultad del tratamiento del problema de la *incertidumbre* a diferencia del riesgo, y c) la ausencia de una teoría adecuada para tratar el caso del *oligopolio*. ¿Usted estaría de acuerdo con este planteamiento?

P.S.: Hablar de teoría neoclásica tiene ciertas implicaciones. Es más apropiado el término de teoría económica tradicional (*mainstream economics*). De lo contrario, podría haber gente que piensa que estamos hablando de una sociedad en la cual hay una función de producción agregada y un escalar llamado capital que se puede insertar en la función y así se obtendrían conclusiones interesantes de política económica. Me parece que en toda la historia del pensamiento económico, y no solamente en el área tradicional, no se puede encontrar una solución adecuada del problema de la incertidumbre real a diferencia del riesgo.

El problema del oligopolio tampoco está resuelto por ninguna escuela. Ni los de la vieja escuela austríaca ni los ricardianos del siglo XX tienen soluciones para estos problemas. Realmente hay muchos problemas por resolver en la teoría económica. Yo podría agregar varios a la lista que usted ha planteado. Pero desde el punto de vista de la política económica, creo que el problema más importante por resolver, y que causa mucho descontento en la vida del hombre común y corriente en los Estados Unidos, es el problema de la simultaneidad de la recesión y la inflación (*stagflation*). ¿Bajo cuál de los tres problemas mencionados lo colocaría usted?

---

46 Es importante destacar dos ideas: a) Von Neumann consideró el caso general de un juego de n personas de suma cero llegando a establecer un conjunto de soluciones múltiples; posteriormente, algunos teóricos como Shapley postularon soluciones para el juego de *n* personas (véase "A Valué for *n* Person Games", H.W. Kuhn y A.W. Tucker [eds.], *Contributions to ihe Theory of Games*, Princeton. 1953). b) El concepto de solución en los juegos de suma no cero es distinto y se remplaza por el de estándares de comportamiento.

D.P.: En principio, parecería ser un cuarto problema. Pero tengo el presentimiento de que el problema que usted menciona está íntimamente ligado con los otros tres. La recesión tiene que ver con la incertidumbre en mente de los inversionistas y la inflación puede estar asociada con la estructura oligopólica. Pero habría que construir un modelo.

P.S.: Se podría analizar en el contexto del libro de Arrow y Hahn que trata con mucho detalle los mecanismos que equilibran los mercados.[47] Se podría introducir un análisis especial para los mercados del trabajo, pues los mecanismos postulados en el libro no son muy relevantes y surgen varias definiciones de desempleo.

D.P.: Dejando a un lado este interesante tema, quisiera hacerle una consulta en relación con las contribuciones de Keynes a la economía. Estoy escribiendo en la actualidad un ensayo sobre el pensamiento keynesiano a la luz de sus obras completas. Estuve revisando su artículo de 1946, el cual me causó desconcierto porque usted afirma que es sorprendente que una mente como la de Keynes no haya logrado hacer ningún tipo de contribución original a la teoría económica pura. Creo que no se puede desconocer que Keynes postuló una teoría que desafió abiertamente la ley de Say y la operación de la mano invisible. Además, incorporó la tridimensionalidad del tiempo, lo cual obviamente se aparta de los modelos de equilibrio estáticos. A la luz de estos comentarios, ¿podría aclarar su opinión respecto a Keynes?

P.S.: Posiblemente la diferencia de opinión sea semántica y no genuina. Yo estaba pensando que la teoría pura era el campo de la microeconomía. Creo que hizo contribuciones fructíferas, aun cuando incompletas, a la teoría de la cartera de acciones (*portfolio theory*). Las teorías contenidas en su *Tratado sobre el dinero* son muy originales. Si alguien argumenta que es una opinión sesgada no incluir estos aportes en el campo de la teoría pura, estaría dispuesto a modificar mi redacción de 1946.

No estaba pensando en negar estos aportes. Estaba más bien buscando algo equivalente a lo que se puede encontrar en los trabajos de Pigou. Su tratamiento de externalidades y de la economía

---

[47] K.Arrow y F.Hahn, *General Competitive Análisis*, Harvard University Press, 1973.

del bienestar forman parte de la microeconomía y de la teoría pura de acuerdo con la definición de cualquiera. En el caso de Keynes encontré contribuciones en el área de la teoría de los números índices. Seguramente nadie hubiera desarrollado estas ideas si Keynes no hubiera existido. Encontré que su apoyo a Ramsey cuando escribió su artículo sobre el ahorro fue importante; también discutió las proposiciones iniciales del escrito de Sraffa. De tal manera que creo que como editor del *Economic Journal* y amigo con el cual discutir teoría pura fue mucho mejor tal vez de lo que sugiere mi frase. Pero de todas maneras es muy difícil encontrar algo en el campo de la teoría pura. Si usted quiere extender el campo de la teoría y decir que Keynes desarrolló un sustituto de la ley de Say y además propuso la teoría de la demanda efectiva, yo estaría de acuerdo; y creo que es evidente que en mi artículo expreso admiración por este conjunto de ideas. También dije que su distinción entre ex-ante y ex-post causó mucha confusión en la literatura y suscitó cuatro años de debates —en la última fase de la década de los treintas— sobre si es el ahorro el que se ajusta a la inversión o viceversa.

D.P.: Haciendo referencia a los debates entre la Universidad de Cambridge y MIT sobre la teoría del capital, Joan Robinson ha manifestado que en realidad lo que ha quedado claro es que no hay una teoría adecuada del capital y que estamos presenciando la segunda crisis de la teoría económica (la primera fue durante la Gran Depresión) debido a la falta de una teoría razonable sobre los determinantes de la distribución del ingreso. Como participante activo de estos debates, ¿qué opinión le merecen estos planteamientos?

P.S.: Primero que todo debo decir que he tratado de indicar (por ejemplo, en mi libro de texto) cuáles fueron las principales divergencias del debate. Traté de buscar en todos los escritos de Joan Robinson una teoría suya sobre la distribución del ingreso y no logré encontrar nada sistemático. Puedo hablar de la teoría de Kaldor, así sea buena o mala, pero creo que no hay una teoría de Robinson en esta área. Aun cuando postula ciertas tautologías tipo edad de oro, es claro que no cree que expliquen adecuadamente la realidad empírica. En el Congreso Mundial de Econometría que se reunió en Cambridge en 1970, pensé que Robinson había dicho algo que sugería que tal vez sí tenía una teoría cuando señaló que si los trabajadores de las Filipinas insistieran en alcanzar una mayor proporción del Producto Nacional Bruto a través de presiones políticas sobre la oferta de trabajo, lo podrían lograr. Éstas podrían ser las bases de una teoría y, por lo tanto, pensé que tal vez, por dos minutos, tuvo su propia teoría; pero esto sólo subraya el vacío de la ausencia de una teoría. No sé si estoy equivocado sobre este punto.[48]

El último libro de Dobb concluye que no tenemos una teoría de la distribución del ingreso, lo cual es una posición muy interesante para un economista marxista.[49] Después de ver los trabajos de Sraffa, Robinson y sus oponentes, llegar a hacer esta afirmación equivale a utilizar un cuchillo que corta muchas cabezas. No solamente la de J.B. Clark sino las de muchas otras personas.

Ahora bien, mí impresión es que la distribución del ingreso es muy difícil de cambiar. Cualquiera que sea la teoría correcta, ésta debe admitir el hecho, por ejemplo, de que si alguien como Perón sube al poder y resuelve aumentar todos los salarios en 40 por ciento éstos probablemente no se incrementarían más del 6 por ciento en términos reales. Esto no quiere decir que exista una función Cobb-Douglas en un modelo tipo Solow de un sector. Sin embargo, me parece que la distribución del ingreso está demasiado predeterminada. No estoy afirmando que sea inmutable como creía Pareto en el sentido de que exista una constante mágica que no se pueda cambiar. Pero sí creo que hay resistencias muy fuertes para lograr un cambio muy significativo.

¿Cuál es mi visión de por qué el sistema tiene esa propiedad? La respuesta puede estar relacionada con el parecido entre el mundo real y la teoría de la acumulación del capital de Joan Robinson. No hay solamente una relación capital-producto sino miles en cada unidad de producción. No solamente se pueden comprar 75 máquinas-herramientas distintas de un catálogo sino que, si hubiera una razón válida, se podría solicitar una nueva máquina que representara un punto intermedio entre esas máquinas. En otras palabras, el mundo real tiene un grado de complejidad tecnológica sorprendente que ofrece numerosas opciones. Se requiere, por lo tanto, un vector de bienes de capital heterogéneos. Admito que no es posible definir en una forma única la intensidad de uso de los factores (*time intensity and roundaboutness*).

---

48 La crítica del profesor Samuelson parece un poco exagerada a la luz del examen de los trabajos de Robinson. Véase, por ejemplo, "The Theory of Distribution", "Capital, Technique and Relative Shares" y otros ensayos que tratan sobre este tema, en J. Robinson, *Collected Economic Papers*, vols. I, IV, Basil Blackwell, 1951-1977.

49 Véase M. Dobb, *Theories of Value and Distribution since Adam Smith*, Cambridge University Press, 1973.

Todas las sociedades que conozco, desde la China continental hasta la Europa occidental, están muy lejos de una posición de edad de oro (es decir, de una trayectoria óptima de crecimiento). Al pasar de una situación en la cual la tecnología no es de la edad de oro a una que lo es, se maximizarían las posibilidades de producción para una población estacionaria. Hay un elemento de verdad en la ya tradicional parábola: no se puede pasar de una situación que no corresponde a la edad de oro a una que sí corresponde, sin un sacrificio de bienes de consumo. Sin embargo, el concepto es más complejo de lo que he planteado porque en una tecnología que admite *reswitching* (y debo admitir que esto puede ocurrir en la realidad) la transición no es tan sencilla.

Para mí, el problema del desarrollo económico de China para lograr un nivel de vida más alto y una expectativa de vida mayor para la población, no es distinto de la situación en la cual se encontraba la Europa occidental en 1850. Diría que, a partir de 1951, cuando J. Robinson empezó a plantear las preguntas relevantes, dejé de insistir en la parábola mencionada, y reconozco que la realidad es más compleja. He aprendido algo. Pero en esencia es el mismo problema sólo que se requieren matemáticas más avanzadas para entender su naturaleza.

D.P.: Su planteamiento es bien interesante. Creo que implica que los modelos tipo Harrod-Domar no tienen un grado de poder explicativo suficiente. El hecho de plantear varias relaciones capital-producto es una desviación importante de estos modelos.

P.S.: Evidentemente. Nunca he creído que el modelo de Douglas, o los de Harrod y Domar, o aun el refinamiento de Solow, capten la realidad. Por otra parte, cuando estoy en el terreno de la política económica, cuando se trata de decidir si vale la pena para la sociedad moverse de una composición de Producto Nacional Bruto de pleno empleo hacia una tasa menor de consumo global y una mayor tasa de acumulación de capital, desde el punto de vista pragmático, me encuentro empleando modelos simples. Una de las cosas de que Thomas Khun no se dio cuenta es que una persona puede tratar de explicar la realidad a través del uso de varios paradigmas y no necesariamente de uno solo. Creo que la verdad está en el hecho según el cual los científicos utilizan al mismo tiempo diversos paradigmas que son parcialmente inconsistentes.

Tengo un amigo que es un buen físico y me ha dicho que cuando aborda por primera vez un problema utiliza ideas de la teoría atómica de Bohr de 1913.⁵⁰ Lo hace así no porque éste sea el mejor modelo a su disposición sino porque es un método conveniente para una primera aproximación al problema. Cuando busco soluciones a problemas, trabajo con modelos derivados de la teoría keynesiana de 1936 y, posteriormente, como un esquizofrénico en un asilo de lunáticos, paso a trabajar dentro del marco de un modelo de equilibrio a la Walras: Si tengo un buen día, combino estos dos enfoques y trato de establecer qué combinación es la más útil para formular una recomendación. Entonces debo confesar que el mejor análisis sobre lo que está pasando en la Europa occidental y los Estados Unidos con respecto al crecimiento económico son los trabajos de E. Dennison.⁵¹ En términos de la controversia del capital y de los debates entre Solow y Garegnani, es claro que el modelo de Dennison se acerca bastante a la teoría simplificada de Douglas (no el modelo de Cobb-Douglas sino el agregado).

Si alguien me trae un análisis mejor, estaría dispuesto a aceptarlo. Creo que los trabajos de Bergson que aplicaron este modelo a la Unión Soviética se acercan más a la realidad que cualquier otro modelo que conozca.⁵² Lo sorprendente de estos análisis es que el factor residual que representa al progreso técnico es muy pequeño. O sea que casi la totalidad del crecimiento económico se explica como función de la formación de capital. Bergson utiliza su modelo para predecir que en la década de los años setenta y los ochenta la tasa de crecimiento de la Unión Soviética no va a ser tan acelerada como la de los años cincuenta y sesenta debido a restricciones políticas: los trabajadores exigen ahora menores jornadas de trabajo y mayores niveles de consumo, lo cual naturalmente lleva a una disminución de la tasa de formación de capital. De tal manera que, en ausencia de un nuevo Stalin, el sistema no podría repetir sus tasas de crecimiento. Todo lo anterior no significa que utilizaría en un análisis teórico una función en la cual se elimina la heterogeneidad de los bienes de capital por medio del llamado capital sustituto (*surrogate*

---

50 Bohr es considerado como el científico que construyó la visión moderna del átomo. Su teoría constituyó un esfuerzo de síntesis entre el trabajo de Rutherford y el de Max Planck (teoría cuántica).
51 Véase E. Dennison, *Why Growth Rates Differ*, Brookings Institution, 1971.
52 A. Bergson, *Planning and Productivity Under Soviet Socialism*, Columbia University Press, 1968.

capital),[53] lo cual equivaldría a que un marxista supusiera tasas idénticas en la composición orgánica del capital.

D.P.: Supongo que se refiere al escrito de Garegnani sobre la concavidad o la convexidad de la frontera de los precios de los factores.[54]

P.S.: Sí. Hay otro punto relevante al debate que es el llamado problema de Hahn, aun cuando es más viejo que él.[55] Supongamos que la gente ahorra el 20 por ciento del ingreso nacional. Si se trata de un modelo de un sector y de un bien de capital como el de Solow, no hay problema en cuanto a la canalización del ahorro, el cual entra al modelo vía el crecimiento de este bien de capital único. Pero supongamos que tenemos un conjunto de bienes de capital o, como en el mundo real, miles de bienes de capital heterogéneos. En este caso, ¿qué factores inciden sobre la forma de la composición del nuevo capital generado por la capitalización del ahorro? Hahn pensó que la eficiencia era la respuesta en el sentido de escoger aquella composición de bienes de capital que una vez seleccionados no hubiera posibilidad de arrepentimiento por parte de la gente. Pero el problema consiste en que hay un conjunto infinito de estas soluciones, demostración que requiere la utilización de un modelo bastante abstracto, pero que constituye una conclusión correcta. Las condiciones de eficiencia intertemporal o las condiciones para que no haya ganancias de capital no previstas, llevan a que se generen, durante un número determinado de periodos, infinitas opciones. Joan Robinson ha señalado en este contexto que no tenemos una teoría apropiada de precios intertemporales. Alguien podría responder que si tuviéramos mercados de futuros perfectos entonces sería posible encontrar un sistema de precios que pudiera equilibrar los mercados por tiempo indefinido.

D.P.: ¿No es esta la argumentación de Hicks en su libro *Value and Capital* cuando trabaja con una sucesión de situaciones de equilibrio a través del tiempo?

---

53 Véase P. Samuelson, "Parable and Realism in Capital Theory: The Surrogate Production Function", *Review of Economic Studies*, 1961.
54 P. Garegnani, "Heterogeneous Capital, the Production Function and the Theory of Distribution", *Review of Economic Studies*, 1970.
55 E H. Hahn, "On Two Sector Growth Models", *R.E.S.*, 1965; y "Equilibrium Dynamics with Heterogenous Capital Goods", *Q.J.E.*, 1966.

P.S.: Hasta cierto punto; pero creo que Hicks no entra a considerar todas las complicaciones del problema. La verdad es que no tenemos mercados de futuros para todos los bienes (y en muy pocos casos más allá de 24 meses), que no se cumplen las condiciones de rendimientos constantes a escala, y que las transacciones tienen sus costos. Mi opinión honesta es que el sistema de competencia imperfecta, incluyendo la quiebra, está continuamente redefiniéndose y que rara vez tenemos ciclos acentuados en la historia norteamericana. Muy posiblemente bajo un sistema de controles y balances en los principales mercados, y con el gobierno interviniendo como arbitro, se logra una solución que no está demasiado lejos del óptimo teórico. En general, se puede decir que los movimientos históricos se aproximan tolerablemente a una solución postulada por la programación dinámica. Esta afirmación está basada, no en un estudio econométrico singular, sino en todas mis observaciones, razón por la cual estaría dispuesto a defender mis tesis como lo hizo Galileo frente a la Inquisición.

D.P.: Creo que en la Unión Soviética le están asignando cada vez un mayor grado de importancia al mercado para buscar soluciones de consistencia en los planes a largo plazo. Es paradójico, pero se observa una tendencia, por ejemplo en los trabajos de Kantorovich, hacia la convergencia con el equilibrio postulado por la programación dinámica.[56]

P.S.: Es también interesante observar que, si uno examina los trabajos de economistas sobresalientes de Rusia, Polonia y Checoslovaquia y los compara con los trabajos de economistas matemáticos norteamericanos —reaccionarios frecuentemente—, el grado de convergencia es mucho mayor que si la comparación fuera con algunos de los llamados economistas radicales. Claro que estos últimos contestarían: ¿pero quién ha dicho que Rusia y sus satélites son realmente comunistas?

D.P.: Schumpeter llegó a la conclusión, en su libro *Capitalismo, socialismo y democracia*, que el advenimiento del sistema socialista era inevitable aun cuando él no lo consideraba deseable. ¿Usted cree que esta afirmación es válida?

---

56 L.Kantorovich, *The Best Use of Economic Resources*, Moscú, 1959.

P.S.: Déjeme contarle una anécdota sobre este punto. Hubo una vez un debate famoso entre Paul Sweezy y Schumpeter en Harvard, antes de la guerra, sobre la suerte futura del sistema capitalista. Estos dos académicos eran grandes amigos. Leontieff actuó como moderador y al final resumió el debate así: ambos están de acuerdo sobre el punto relacionado con la muerte gradual del capitalismo, pero están en desacuerdo sobre las causas. Sweezy afirma que se está muriendo de cáncer, es decir, por sus propias contradicciones. Mientras que Schumpeter ha señalado que se está muriendo por razones de tipo psicosomático. El éxito del sistema es lo que lo está acabando, como en el caso del millonario que sufre de úlceras y neurosis. Y Schumpeter mencionó a Paul Sweezy, hijo del vicepresidente de uno de los bancos más importantes de Nueva York, como un ejemplo sobre los hijos de familias acomodadas que resuelven atacar el sistema.

En primer lugar, creo que Schumpeter estaba equivocado en el sentido de que exista un calendario predeterminado para la desaparición del sistema o para el advenimiento del socialismo como la última etapa. Creo que el capitalismo Victoriano de Herbert Spencer no va a durar mucho, pero el sistema tiene muchas direcciones para avanzar distintas a un socialismo pasado de moda. Por otra parte, Schumpeter nunca demostró rigurosamente que el éxito del sistema era la causa de su muerte. Cuando un sistema económico opera con éxito, ofrece muchas opciones a los miembros de la sociedad. Les da mucho más tiempo libre, que pueden utilizarlo, por ejemplo, para analizar cómo mejorar el sistema. Pero Schumpeter decía que una de las características odiosas del capitalismo era su exceso de racionalidad y eficiencia, lo cual destruía lo mítico y lo religioso. Puede haber algo de cierto en esto, pero es un tema muy complejo.

D.P.: En este contexto, es interesante mencionar que Keynes en uno de sus ensayos argumentaba que el crecimiento económico no era un fin en sí mismo sino un medio para lograr la iniciación de la vida civilizada, en la cual el tiempo dedicado al problema económico individual era mínimo y la mayoría de las actividades se orientarían al perfeccionamiento moral y espiritual del hombre.

P.S.: Sí. Pero hay que tener en cuenta que Keynes estaba preocupado por la posible aparición de un *surmenage* colectivo. Estamos tan acostumbrados a la lucha, que en ausencia de ésta el hombre puede llegar a la desesperación. Los trabajos de Durkheim y las altas tasas de suicidio en algunos países de alto nivel de ingreso *per capita* apoyarían un poco esta tesis. Pero es demasiado prematura para la mayor parte de la población del mundo. Tal vez tenga aplicación en países como Suecia y posiblemente Kuwait. En los Estados Unidos, los estudios que conozco sobre la salud mental sugieren que esta variable está fuertemente asociada con el nivel de ingresos, es decir, las desviaciones están concentradas en las familias de bajos ingresos. Posiblemente los descendientes de la familia Rockefeller, según un libro que acaba de aparecer, sean la excepción.

D.P.: Quisiera comentarle finalmente algunos elementos sobre las relaciones económicas y comerciales de los Estados Unidos y América Latina. En primer lugar, hay un elemento paradójico relacionado con la tesis del comercio libre. La mayoría de los economistas que enseñan en las universidades norteamericanas defienden vigorosamente la tesis de la eliminación a las trabas y restricciones al comercio; pero cuando trabajan para la Administración, se vuelven relativamente proteccionistas. ¿Cómo explicar esa metamorfosis? Por otra parte, daría la impresión de que Latinoamérica se ha vuelto un productor eficiente de ciertas manufacturas (textiles, calzado, etc.), pero que no gozan de un acceso libre al mercado norteamericano. De acuerdo con proyecciones del Departamento de Trabajo de los Estados Unidos, la economía norteamericana se está convirtiendo en una economía de servicios, de tal manera que la proporción de la fuerza laboral que trabaja en la producción de manufacturas está descendiendo a través del tiempo. El doctor Kissinger, en su reciente visita a Latinoamérica, reiteró su tesis de la interdependencia económica, y en este contexto podría ser interesante explorar la posibilidad de una mayor apertura al mercado norteamericano, teniendo en cuenta que Latinoamérica es un cliente muy importante de bienes de capital norteamericanos y, además, está suministrando valiosas materias primas a precios relativamente favorables.

P.S: La crítica de la inconsistencia posiblemente se aplique a los hombres de negocios norteamericanos que solamente han creído en la doctrina del comercio libre cuando les conviene. Pero los académicos son esencialmente librecambistas y tal vez algunos demasiado ingenuos.

D.P.: Debo insistir en que hay académicos que, por ejemplo, atacan los acuerdos mundiales de productos básicos y, al mismo tiempo, apoyan precios de sustentación para los productos agrícolas de los Estados Unidos. ¿No es esto una inconsistencia?

P.S.: Estaría dispuesto a creer que, dado que los economistas que conozco son humanos, a veces son inconsistentes. En mi caso personal, he presentado algunas ideas sobre el comercio internacional, para un país como los Estados Unidos, que se apartan ligeramente de las soluciones postuladas por la teoría pura. Este planteamiento está en el discurso previo al que pronuncié con motivo del Premio Nobel.[57] En esa ocasión mencioné que, de acuerdo con algunos teóricos norteamericanos, los Estados Unidos estaban perdiendo su ventaja comparativa en la producción de manufacturas, en tanto que la agricultura comercial sí se consideraba competitiva. La economía norteamericana podría volverse una economía de servicios como se ha vuelto el estado de Colorado. Las multinacionales realizarían sus actividades de producción en otros países. ¿Será solamente posible este escenario en un mundo en el cual impera el comercio libre y en el cual no va a haber retaliaciones y expropiaciones? Este factor político me hace pensar que es difícil llevar a la práctica la tesis propuesta, pero no creo que se me pueda calificar de inconsistente por esta opinión.

Por otra parte, he criticado algunos de los planteamientos económicos del doctor Kissinger. En el caso del mercado mundial de petróleo estuve en desacuerdo con la idea de fijar un precio mínimo y un precio máximo para el crudo.

Argumenté que los mínimos tendrían sentido legal, pero los máximos no. Finalmente, quisiera decir que el problema con muchos economistas es el de que no hacen viables sus recomendaciones por no estar conscientes de las variables políticas.

D.P.: En otras palabras, ¿usted estaría de acuerdo con la idea de que el estudio de la economía no puede reducirse simplemente a entrenar gente para hacer acrobacias mentales sino que debe estar dirigido a resolver problemas del mundo real?

P.S.: De acuerdo. Las batallas difíciles son las que tratan de entender la compleja realidad.

---

57 P. Samuelson, "International Trade for a Rich Country", Swedish American Chamber of Commerce, 1971.

VI. UN DIALOGO CON EL PROFESOR JAN TINBERGEN

Todos los economistas que han pasado por una escuela de postgrado, se han encontrado con los importantes escritos del profesor Jan Tinbergen (1903-1994). Sus trabajos econométricos sobre los ciclos económicos eran bien conocidos desde la década de los años treinta. Sus ensayos sobre la política económica y sobre los países en desarrollo tuvieron una amplia difusión en la década de los años sesenta y setenta. Estando en Cambridge dediqué muchas horas a leer las obras completas de Keynes y encontré varias cartas que se cruzaron estos dos maestros del pensamiento económico. Por todas estas razones me pareció que este destacado académico tenía mucho que aportar a este libro. Le escribí a comienzos de 1977 (el suscrito estaba en Oxford) explicándole este proyecto y a los pocos días me respondió invitándome a dialogar a su biblioteca privada localizada en una agradable casa ubicada en la Haya, Holanda. Al entrar a su residencia me contó que el ex Presidente Carlos Lleras de Colombia lo había invitado a su posesión en agosto de 1966, pero que no había podido asistir por tener un número excesivo de compromisos internacionales. Sin embargo, me manifestó que estaba muy interesado en los asuntos relacionados con el desarrollo económico de los países de América Latina. Tenía la humildad que caracteriza a los grandes sabios y su trato era particularmente cordial y amable.

En el momento en que se desarrolló este diálogo (abril de 1977), el Dr. Tinbergen era profesor emérito de la Universidad de Rotterdam. En su juventud terminó un doctorado en física y tuvo oportunidad de dialogar varias veces con el profesor Albert Einstein. Luego se inclinó por la economía como una reacción a la Gran Depresión de los años treinta. Fue Director de la Oficina de Planeación de Holanda y Presidente de Comité de Planeación de las Naciones Unidas. Se le reconoce como uno de los fundadores de la econometría, de la macroeconomía empírica, de la teoría de la política económica y de la teoría del desarrollo económico. Publicó más de 10 libros y más de 200 artículos en revistas especializadas. La Academia de Ciencias de Suecia hizo un reconocimiento público de la alta calidad de sus trabajos al otorgarle el primer Premio Nobel de Economía en 1969 al mismo tiempo que su hermano Nicolás recibía el de Medicina.

Diego Pizano: Sería interesante empezar esta discusión comentando algunos problemas de tipo metodológico pertinentes para entender la evolución del pensamiento económico y las relaciones entre la construcción de la teoría económica y su aplicación. Es claro que al hacerlo estaríamos invadiendo el terreno del filósofo, pero estoy convencido de que los economistas deberían estar mejor informados acerca de la naturaleza de su disciplina y de los problemas epistemológicos relacionados con sus fundamentos. Una buena base para iniciar la discusión podría ser la reacción de Keynes (1) cuando se publicó su trabajo sobre la aplicabilidad de las teorías del ciclo económico. (2) Los argumentos de Keynes pueden sintetizarse en dos proposiciones:

a) El método de la correlación múltiple no es adecuado porque el material económico no es homogéneo a través del tiempo.
b) Los coeficientes para cualquier función econométrica se obtienen de estadísticas históricas y no reflejan las expectativas sobre las tendencias futuras.

Con respecto a la primera, la pregunta crucial que se deriva del comentario de Keynes es determinar hasta qué punto la economía debería seguir la trayectoria epistemológica de la física, o si sería mejor seguir un método especial para establecer sus principios. Un hecho evidente a tener en cuenta es que el número de variables significativamente relacionadas es en la economía mayor que en la física y que la estabilidad de esas relaciones es en general menor. Respecto a la segunda proposición, la pregunta sería sobre el papel de las expectativas y el clima de confianza en relación con el futuro. Después de cuarenta años de su debate con Keynes, sería interesante oír sus opiniones al respecto.

Profesor Tinbergen: Su pregunta es clara. Hay que reconocer que la crítica de Keynes a los métodos econométricos llevó a la consideración de problemas bastante complicados, pero no he cambiado mi posición original. Todavía creo que el método de la física tiene aplicabilidad fuera de su contexto; sin embargo, es bueno aclarar que algunas variables relevantes para el análisis, como las expectativas, no se habían introducido en esa época, y se continúan buscando métodos para hacerlo, como ocurre, por ejemplo, con las variables ficticias (*dummies*). En algunos mercados especulativos se pueden estimar las expectativas de los agentes económicos sobre los precios futuros extrapolando simplemente los movimientos de los últimos meses, o semanas, dependiendo del bien en cuestión. En otros casos, es posible preguntarle a la gente explícitamente por sus expectativas. Estas anotaciones me traen al punto central de la discusión con Keynes, o sea la absoluta necesidad de incluir los fenómenos relevantes para que una correlación múltiple tenga sentido; no necesariamente todos los eventos asociados con el problema deben ser incluidos pero si los más relevantes. De lo contrario el ejercicio no tiene mucho valor. Claro está que uno a través del tiempo puede descubrir que algunos eventos importantes no han sido incorporados cuantitativamente en el modelo y que, por lo tanto, se debe hacer un esfuerzo para medirlos. En este sentido mi mente funcional como la de un físico; después de todo fui educado como tal. Creo que hay muchas variables que se podrían medir a pesar de los argumentos de muchos de mis colegas sobre la imposibilidad de medirlas. Aún más, diría que el progreso que se puede hacer en cualquier ciencia depende de la disposición de sus practicantes a realizar mediciones. Para lograr rechazar una teoría y reemplazarla por una mejor se requiere prueba empírica negativa.

D.P.: ¿Sería correcto concluir con base en su análisis que la economía y la física están enfrentadas a problemas de la misma naturaleza? Tengo mis dudas sobre la validez de ello porque además de la posición de Keynes (la economía es una ciencia moral y no una ciencia natural) está el punto de vista de Von Neumann quien argumentaba que los métodos de la física no habían sido diseñados para tratar las situaciones de tipo social típicas de disciplinas como la economía; esta posición implicaría que hay diferencias de grado, y cualitativas entre la economía y la física. Por ejemplo en el caso del oligopolio, en donde se enfrenta el problema derivado de la intersección de varias mentes, no parece haber una contraparte en la mecánica clásica o en los desarrollos más recientes de la mecánica cuántica. Por esta razón Von Neumann decidió inventar un nuevo conjunto de herramientas matemáticas para simular estas situaciones. ¿Aceptaría usted el hecho de que la economía tiene problemas inexistentes en la física y que, por lo tanto, la analogía no siempre es justificable?

P.T.: Evidentemente. Sólo para mencionar lo más obvio: la física no tiene que tratar con seres vivientes, y esto de por sí introduce la posibilidad de tener que trabajar con conceptos distintos en la economía, desconocidos para los físicos. Aún más, quisiera referirme a uno de sus comentarios anteriores. Estoy de acuerdo en que el número de variables significativamente asociadas en la economía es mayor que en la física, y en que las relaciones tienden a ser más inestables, complicaciones que deberían conducir a una revisión permanente de nuestras teorías, así como a la disposición para efectuar cambios, cuando ellas no encajen dentro de la prueba empírica y el mundo real. De hecho, es más usual el cambio de teorías en la economía que en la física, aun cuando en esta última tenemos ejemplos de cambios frecuentes, como ha ocurrido con las teorías sobre la naturaleza de la luz.

En resumen: prefiero hablar de una diferencia de grado a pesar de que la frontera entre las diferencias de grado y las diferencias cualitativas no es muy precisa. Considero que los métodos desarrollados por Von Neumann son novedosos y creo que la teoría de juegos tiene una potencialidad que no se ha explotado suficientemente. Pero creo que no sería exagerado afirmar que buena parte de la teoría económica tradicional puede utilizarse todavía con razonable éxito.

D.P.: El tema que estamos discutiendo tiene que ver con otra controversia: la aplicabilidad de las matemáticas en la elaboración de los modelos económicos. Como usted sabe, Alfred Marshall pensaba que era obvio —y su entrenamiento fue en el área de las matemáticas— que no había lugar en la economía para largas cadenas de tipo deductivo. Pero se podría afirmar que la justificación principal para el uso de las matemáticas en cualquier campo es su eficiencia como método de análisis; con todo, no creo que este argumento de eficiencia pueda ser aplicado en todos los casos. Por ejemplo, ¿piensa usted que en la formulación de la política económica la lógica verbal y el razonamiento literario pueden ser una mejor opción?

P.T.: No me atrevería a excluir de antemano esa posibilidad, ya que recuerdo claramente situaciones en las cuales el tratamiento matemático no dio resultados. Sin embargo, cualquier proposición matemática tiene un equivalente verbal. Es más, todo se reduce a un problema de lenguaje y las matemáticas son un lenguaje. En la mayoría de los casos, el método matemático facilita la comprensión de un autor y lo hace más preciso en sus definiciones y conceptos. Por tanto, diría que el análisis matemático y la lógica literaria son esencialmente equivalentes, pero que, en ciertos casos, el primero es un poco artificial *y* no ayuda mucho.

D.P.: No sé hasta qué punto estaría usted de acuerdo con el punto de vista del profesor Samuelson cuando afirmó que las matemáticas y el lenguaje son isomórficos. (3) En la discusión que tuve con él expresé mi desacuerdo sobre este punto por considerar que, adicionalmente a los problemas que uno encuentra en la literatura sobre la filosofía de las matemáticas, éstas solamente pueden trabajar con elementos objetivos y cuantificables. (4, 5) Los elementos subjetivos y los cualitativos son muy difíciles de introducir en un contexto que supone que las definiciones son precisas, que la funcionalidad implica interdependencia estricta entre las variables y en el cual se aplica el método axiomático.

P.T.: Debo confesar que estoy muy cerca de la opinión del profesor Samuelson sobre el particular y que, por lo tanto, estaría en desacuerdo con usted en este aspecto. Los elementos cualitativos, y éste es el término que usted ha introducido a la discusión, pueden representarse por un símbolo matemático, lo que no quiere decir que puedan ser medidos directamente en esta forma. Siempre que introducimos un concepto en forma cualitativa podemos representarlo por un símbolo; esto no agregaría mucho al poder explicativo del sistema, pero se podría transformar el concepto cualitativo en uno cuantitativo. Mi ejemplo favorito está tomado otra vez de la física y se refiere a la temperatura o lo que solía llamarse calor. Por ese entonces se sostenía que el calor era algo que solamente se podía sentir —uno describía sí el agua estaba caliente o fría— hasta que casi por coincidencia fue posible introducir el concepto de temperatura. ¿Cómo fue introducido? Mediante la observación de que si se incorpora calor en el medio ambiente la mayoría de las sustancias cambian de volumen y gran parte de ellas lo hacen en forma proporcional. Debo subrayar que esto no se da en todos los casos; de tal manera que es posible afirmar que a través de un voto mayoritario de varios materiales fue posible inventar el termómetro. Entonces no fue por unanimidad entre los materiales como se hizo posible construir el termómetro, debido a que para cada temperatura hay sustancias que no alimentan su volumen proporcionalmente a otras. Esto es cierto, por ejemplo, en el conocido intervalo entre 0 y 4 grados en el cual el agua en lugar de expandirse reduce su volumen. Pero también se aplica a toda sustancia que cambia su estado de agregación (cuando pasa del estado sólido al líquido o del líquido al gaseoso), y los puntos de ebullición y de fusión son distintos de acuerdo con la sustancia. O sea que aun en la física fue altamente productivo incorporar un concepto a pesar de que éste no contaba con el apoyo de todos los sectores. El ejemplo ilustra un tipo de incertidumbre más frecuente en las ciencias sociales y en las disciplinas humanas, en las cuales tenemos que contentarnos con un menor grado de exactitud del que puede lograrse en la física. En este sentido, diría que aquí volvemos a tener una diferencia, aunque me inclinaría a pensar que ella es de grado y no de fondo.

D.P.: Cuando hablé de elementos cualitativos tenía en mente problemas como los que surgen de la toma de decisiones bajo condiciones de incertidumbre y diferencias de riesgo. Esto quiere decir que en muchas circunstancias los agentes económicos no tienen ninguna forma de predecir la trayectoria futura de las variables relevantes. En otras palabras, que la condición de previsión perfecta (*perfect foresight*) postulada en muchos modelos no es aplicable. Quien construye modelos se enfrenta en este caso con el problema de asignar una probabilidad objetiva a un nivel de creencia (*degree of belief*), lo cual termina siendo la asignación de una probabilidad subjetiva. Ahora bien, podría argumentarse que el agente económico ordenaría sus grados de creencia; el problema es que únicamente podría llegar a un ordenamiento cualitativo y no a uno cuantitativo. En ninguna escuela de pensamiento se ha podido resolver este problema; ni siquiera la física ha podido hacerlo después de que Heisenberg postuló su principio de incertidumbre. *Es* evidente, entonces, que la incertidumbre juega un papel importante en la economía, como lo demuestra la experiencia de los mercados de futuros y las bolsas de valores.

La situación descrita está asociada con las complicaciones causadas por la paradoja del tiempo. A pesar de que Bertrand Russell afirmó que el continuo matemático (*mathematical continuum*) podría ayudar a entender el concepto del tiempo, pensadores como Poincaré llegaron a la conclusión de que ni siquiera la célebre teoría de los números transfinitos de Cantor tenía poder para resolver los misterios del tiempo. A la luz de las consideraciones anteriores no sé hasta qué punto el fenómeno de las expectativas es análogo al de la temperatura que usted señaló. ¿O estaremos ante un problema más complejo?

P.T.: Bueno. Estamos de acuerdo en que hay una serie de complicaciones como las comentadas por usted y en este momento no estoy preparado para hacer un planteamiento muy preciso sobre el particular. Déjeme, sin embargo, ilustrar su propio punto con un caso distinto, pero de cierta similitud.

En la economía hay una serie de elementos subjetivos, o juicios de valor, que salen a la luz especialmente cuando se trata de aplicar la teoría económica al proceso de toma de decisiones. Así, la mayoría de los economistas están de acuerdo hoy en día en la necesidad de introducir algunos juicios de valor sin los cuales sería imposible resolver *ciertos* problemas de la política económica; mi colega sueco Gunnar Myrdal no solamente hace este planteamiento sino que sostiene que todo autor debe hacer explícitos sus juicios de valor cuando discute el tema. Quisiera ilustrar este problema mediante la breve consideración de un problema que ha estado cerca a mi pensamiento estos últimos años, como es el de las funciones de utilidad o de bienestar. El esfuerzo por establecer la función de bienestar de un individuo es un problema objetivo y no implica un juicio de valor; es un ejercicio que consiste simplemente en encontrar el ordenamiento de las posibles preferencias del individuo. Pero, desde el momento en que uno empieza a hablar de una función de bienestar social, los elementos subjetivos aparecen. Por ello, estoy de acuerdo con Myrdal en la necesidad de hacer explícitos los juicios de valor y de que todo aquello que se derive de una determinada construcción depende de si se coincide o no con el elemento subjetivo inicial.

D.P.: Quisiera aprovechar esta oportunidad para preguntarle sobre su metodología de construcción de las funciones de bienestar social. En su trabajo sobre la teoría del régimen óptimo usted propuso un procedimiento para agregar las funciones de bienestar individual y llegar a la función de bienestar social. (6) He estado examinando su procedimiento a la luz del teorema de la imposibilidad de Arrow, que está basado en una serie de juicios de valor aparentemente razonables, y he llegado a la conclusión de que usted se aparta de algunas de las condiciones de ese teorema. (7) ¿Será ello cierto?

P.T.: Creo que sí, aun cuando en este campo me inclino por simplificar las cosas suponiendo que el bienestar individual se puede medir. Esta es mi hipótesis y no estoy seguro respecto al número de economistas que la comparten. Pero me gusta aceptar esta estrategia por cuanto simplifica mucho el problema; de lo contrario, si uno niega la posibilidad de hacer comparaciones interpersonales de utilidad surge la serie de complicaciones bien conocidas. Mi esfuerzo debe entenderse como un procedimiento para llegar mas rápidamente a resultados concretos, aunque estoy consciente de la relatividad de esta posición.

D.P.: Para concluir esta sección, que hemos dedicado a problemas metaeconómicos, podría decirse que hay una serie de diferencias importantes entre el material de los economistas y el de los físicos, bien sean ellas de grado o cualitativas. Mi preocupación es la siguiente: ¿hasta qué punto las diferencias que se perciben entre las ciencias naturales y las sociales deberían conducir a un sistema especial para educar a los economistas que los familiarizara con las disciplinas conectadas en una u otra forma con el material bajo estudio: filosofía, psicología, sociología, ecología, ecología, historia, política, etc., y no solamente con técnicas matemáticas? A mí me da la impresión de que Von Hayek ha argumentado claramente cuando plantea que para hacer la transición de la teoría económica a la política económica es necesario tener un entrenamiento multidimensional. (8) ¿Cuál es su opinión respecto a este asunto que parece ser importante en el diseño de programas académicos?

P.T.: En general, comparto la idea. Sin embargo, por razones prácticas hay que limitarla, no porque el economista no deba conocer un tanto en todas las áreas que usted menciona, sino por la imposibilidad de llegar a ese grado de erudición. Por ello la cooperación entre científicos de distintas disciplinas es tan importante, o sea el enfoque multidisciplinario. En la práctica, la interacción se lleva a cabo en la siguiente forma: se plantea un esfuerzo conjunto entre profesionales de distintas disciplinas (naturales y sociales) entre los cuales debe haber economistas; pero, para poder entenderse mutuamente, es indispensable que cada miembro del grupo se familiarice con las disciplinas de los demás. De esta manera estoy de acuerdo con usted sobre lo indispensable de que en la educación de cualquier profesional se incluya la enseñanza de disciplinas vecinas o relacionadas con su campo; de lo contrario, la cooperación multidisciplinaria en la investigación sería imposible.

D.P.: Ya que nos hemos referido a la cooperación científica y a los enfoques multidisciplinarios, quisiera preguntarle hasta qué punto la investigación adelantada por Lorenz y por el profesor Nikolas Tinbergen arroja luz sobre las estrategias deseables de crecimiento económico en nuestro planeta. (9, 10) Estoy pensando en un artículo reciente de su hermano el profesor Tinbergen en el cual afirma que la evolución cultural y, en particular, el desarrollo tecnológico, están produciendo y generando un conjunto de efectos negativos bastante complejos. Afirma que nuestra especie está pasando a través de una fase de desadaptación, de pérdida de viabilidad y que muchos síntomas psicosociales, y enfermedades psicosomáticas como el asma y la trombosis coronaria, están apareciendo como resultado de la atmósfera creada por la sociedad industrial y posindustrial. En relación con la economía sería entonces obvio preguntarse si los economistas deberían tener en cuenta los estudios sobre los determinantes biológicos del comportamiento humano, cuando formulan planes de desarrollo, para así evitar un crecimiento exponencial de los centros urbanos y un grado de competitividad excesivo.

Por otro lado, uno de los últimos libros del profesor Lorenz plantea la tesis de que nuestra civilización está en un proceso de deterioro progresivo y de que, dada la complejidad de la sociedad humana como sistema viviente, es imperativo utilizar todas las disciplinas para entender su funcionamiento. (11) Lorenz está convencido de la naturaleza patológica de los problemas de nuestra civilización y de que, por consiguiente, se ha vuelto una necesidad emplear los métodos de la medicina e interpretar los avances de los etólogos. Si esto es así, ¿no deberían los economistas tener en cuenta los esfuerzos que se han hecho para buscar formas de reconciliar los conflictos entre la cultura y la tecnología, y reconocer que existen límites al crecimiento al nivel médico-biológico? ¿O será prudente, por el contrario, creer en la inmensa capacidad de adaptación del hombre y no tomar en consideración esas voces de alarma?

P.T.: Éste es un problema muy importante. Sin embargo, la disponibilidad de información es insuficiente todavía y los elementos de juicio para llegar a una solución son inadecuados. En cierta forma, he actuado como vocero de mi hermano entre los economistas, y he señalado que hay que ser cauteloso y prudente, ya que en este sentido soy mucho menos optimista que personas como W. Beckermann o H. Kahn. (12, 13) Otro caso relacionado con este problema es el que le relato a continuación. No hace mucho tiempo, mi compatriota el profesor Linnemann preparó un estudio (14) sobre las posibilidades de alimentar en el año 2010 a una población mundial que sería, tomando 1970 como año base, el doble de la actual. Antes de esa publicación, un grupo de agrónomos, geólogos y expertos en clima prepararon un ensayo introductorio en el cual se concluyó que la máxima capacidad de la tierra para producir alimentos es aproximadamente treinta veces mayor que la actual. Sin embargo, este tope de capacidad no se utilizó al proyectar el crecimiento económico, puesto que mucho antes de alcanzarlo se encontrarían restricciones de tipo social. Pero he considerado que es necesario examinar críticamente un estudio que llega a una cifra como la anterior y, especialmente, profundizar en el aspecto de las dificultades ecológicas que surgirían si ese nivel de producción se lograra. A raíz de esto, un pequeño grupo holandés elaboró un informe preliminar señalando qué tipo de situaciones deberían estudiarse con mayor detenimiento. O sea que acepto muchas de las ideas y los peligros que señalaba mi hermano, pero es necesario aclarar que lo frecuente es encontrar etólogos incapaces de trabajar con cifras precisas que indiquen la magnitud del problema a nivel mundial. Déjeme darle un ejemplo sobre el particular; los etólogos sostienen que algunas áreas se deben dejar en condiciones naturales, convirtiéndolas en algo así como áreas de reserva genética; pero no han establecido con exactitud cuáles serían las áreas apropiadas para reservar, dejando así una laguna que hay que llenar a fin de poder darnos cuenta de dónde, exactamente, estamos en la actualidad.

D.P.: ¿Podría inferirse, a la luz de las consideraciones anteriores, que existe una serie de limitantes fuertes al crecimiento económico acelerado, derivados tanto de la escasez de materias primas básicas como de factores sociales y políticos? En este mismo orden de ideas, ¿estaría usted de acuerdo con el planteamiento de que el crecimiento económico no es un fin en sí mismo sino solamente un medio para facilitar la búsqueda de la perfección espiritual en el hombre? Estoy pensando en la utopía de Keynes de que, a través del poder combinado de la técnica y el interés compuesto, el problema económico desaparecería y la gente se dedicaría a llevar una vida civilizada. Esta idea es altamente deseable a primera vista, pero si se examina la forma en que la gente utiliza su tiempo libre en las sociedades con altos niveles de ingreso *per capita*, y se toman en consideración los limitantes de que hemos hablado, se llegaría a la conclusión de que el ideal de Keynes no es alcanzable fácilmente y de que se trata fundamentalmente de una utopía. ¿Estaría usted de acuerdo?

P.T.: No me atrevería a decir que tengo la respuesta a ese interrogante. En mi conferencia de despedida de la Universidad de Rotterdam formulé la siguiente pregunta: ¿Tendremos una época o periodo poseconómico? Respondí que no sabía. Todo lo que puedo decir es que la acumulación de presión social que se produce actualmente hace muy difícil la realización del sueño de Keynes. Pero hay gentes optimistas, como Kahn y Beckermann, que están convencidas de llegar a ese estado. Todo depende de una proyección de largo plazo que es muy difícil de realizar por la escasez de estadísticas confiables; la prueba disponible y mí intuición me hacen ver el futuro, sin embargo, en una forma mucho menos optimista que la de Keynes, Kahn y Beckermann.

D.P.: Es evidente que el tema que estamos tratando se relaciona estrechamente con las opciones energéticas del mundo actual. El informe de Kahn es, como decía, muy optimista sobre el particular. De otra parte, durante la semana pasada el presidente Carter anunció la decisión de los Estados Unidos de frenar la construcción y la promoción de plantas nucleares, especialmente las relacionadas con proyectos en países en vía de desarrollo. No sería exagerado afirmar que éste es posiblemente uno de los temas políticos más importantes de la actualidad. Ahora bien, es muy difícil saber si la decisión de Carter se considerará "sabia" en el largo plazo, aunque expertos como John Berger han estado advirtiendo a las potencias industriales sobre los riesgos que resultan de un aumento en la probabilidad de una guerra nuclear, con la irreversibilidad de la contaminación radiactiva y la amenaza genética a nuestra especie (15). La pregunta obvia en este contexto sería; ¿cuál es la factibilidad de introducir en el mediano plazo las llamadas opciones limpias tales como la energía solar, la fuerza geotermal y las fuerzas derivadas del viento y del movimiento de las olas (l6)?

P.T.: Primero que todo, debo decir que me identifico con las personas que han insistido en los peligros del tipo actual de energía nuclear. Derivo mis opiniones sobre este tema de los planteamientos de un ingeniero amigo mío —es bueno confesarlo—, Monsieur Gibrat, quien participó en el equipo que redactó el llamado Informe de Río (Reforma del Orden Económico Internacional) (17). Su opinión, que encuentro muy convincente, es la de que debemos desarrollar la energía solar en vez de las plantas nucleares basadas en el principio de la fusión nuclear, así como la energía geotermal y, en la medida de lo posible, la energía nuclear derivada del principio de la fusión. La introducción de estas opciones tomará su tiempo, lo cual hace imperativo ahorrar al máximo toda la energía que podamos.

D.P.: Quisiera comentar que el profesor Hicks, en una conversación que sostuvimos recientemente, afirmó su creencia de que los esfuerzos de industrialización de los países en desarrollo chocarían pronto con una escasez aguda de materias primas estratégicas, razón por la cual veía que solamente unos pocos países iban a ser capaces de montar un sector industrial importante y dinámico, a menos de que se presentara un cambio tecnológico que multiplicara significativamente las fuentes tradicionales de materias primas y de energía. Ahora bien, en algunos de sus escritos usted ha propuesto un plan de desarrollo mundial y un gobierno mundial. Suponiendo que esto fuera posible, si a usted le tocara decidir sobre la selección de una estrategia intersectorial de asignación de recursos a nivel mundial, ¿daría preferencia a la industria o a la agricultura?

P.T.: Un plan de desarrollo a nivel mundial debería diseñarse en tal forma que las tasas de crecimiento de los países en vía de desarrollo fueran más aceleradas que las de países desarrollados. Al mismo tiempo, debería realizarse un esfuerzo considerable para encontrar formas menos peligrosas de energía, como ya hemos comentado. Además, las nuevas técnicas tendrían que ser diseñadas para adaptarse a los países en desarrollo. El estudio adelantado por la Fundación Bariloche de Argentina es muy interesante; entre otras razones, porque es la primera vez que un continente en desarrollo estudia el problema que estamos tratando; deberían felicitarse por ese esfuerzo. Como usted sabe, los límites que ellos ven al crecimiento son más estrictos que los supuestos por Kahn. El Informe de Río escogió una posición intermedia en el sentido de considerar que los países en desarrollo pueden crecer más allá de los límites establecidos por el señor Amílcar Herrera. Pero admitimos que nuestras cifras son ilustrativas solamente y que su materialización depende de conocimientos que todavía no están a nuestra disposición.

D.P.: Volviendo a la pregunta del gobierno mundial, es interesante anotar que un grupo de físicos y científicos políticos de alto nivel reunido el año pasado en el MIT, llegó a la conclusión de que de no lograrse el establecimiento de un gobierno mundial antes del año 2000, la probabilidad de una guerra nuclear se acercaría a uno. La pregunta lógica en este contexto se referiría a la base de poder de este gobierno a nivel mundial. ¿Cuál sería? Recuerdo un ensayo escrito por Russell sobre la materia en el cual señalaba, como condición básica para una paz duradera, la de colocar el control de las armas nucleares bajo una institución supranacional. (18) A pesar de ello, es evidente que muchos países —especialmente las grandes potencias— no tendrían suficiente confianza en una autoridad nuclear mundial y que, por consiguiente, esta propuesta no sería muy factible. Quisiera preguntarle, siguiendo esta línea de pensamiento, ¿cuál sería el procedimiento sugerido por usted para llegar a un plan de desarrollo mundial y a un gobierno mundial?

P.T.: Quienes colaboramos en la elaboración del Informe de Río estuvimos conscientes de que al hablar de un "gobierno mundial" podrían crearse confusiones, por cuanto este gobierno se restringiría a manejar un conjunto limitado de problemas sin remplazar —como mucha gente lo cree— a los gobiernos nacionales. Estos últimos seguirían existiendo para llevar a cabo muchas actividades, aunque hay por lo menos diez campos en los cuales se tiene la necesidad de autoridades mundiales, y uno de los más importantes y difíciles es el del control de los armamentos. (19) Todo lo que puedo decir es que comprendo que para reducir los armamentos en el mundo se requiere un acuerdo entre la Unión Soviética y los Estados Unidos. Un nuevo elemento en el análisis de este punto lo contiene el libro de A. Myrdal, que acaba de aparecer, titulado *El juego del desarme*, cuyo planteamiento central se refiere a lo absurdo de que, para llegar a un equilibrio de poder, las dos potencias mundiales deberían igualar su capacidad nuclear. Si alguna de las potencias tiene la capacidad de liquidar a los habitantes del mundo, y sabemos que ya la tienen, seguir la carrera armamentista es una locura. Myrdal considera este argumento convincente para que las personas influyentes de los Estados Unidos y Rusia mediten, y decidan frenar la competencia de los armamentos. Pero, aun si esto fuera posible, estaríamos lejos todavía del escenario que usted dibujaba cuándo mencionó la idea de Russell sobre el particular; en el momento es muy poco factible llegar a ese grado de consenso entre las superpotencias. Este es, en mi opinión, el problema más importante del mundo en el momento actual; si se puede lograr un estado de mayor confianza entre la posición de los comunistas ortodoxos y la representada por la sociedad mixta que prevalece en la mayoría de los países desarrollados. Hasta el momento, el entendimiento ha sido muy difícil, pero hay algunos comienzos. Usted debe estar enterado, claro está, del instituto que se ha establecido cerca de Viena (IIASA -The International Institute of Applied Systems Analysis), en donde científicos de las dos tendencias tratan de cooperar en varios temas importantes, como el de la contaminación ambiental y el energético. Este esfuerzo se encamina a que los científicos se entiendan mejor entre sí y a que, gradualmente, vayan teniéndose más confianza. El otro ejemplo a mencionar es el del llamado movimiento Pugwash, que busca fines similares. Sin embargo, aun cuando los científicos que participan en estos dos proyectos llegaren a compenetrarse muy bien, no está garantizado por ello que los gobiernos cooperen y puedan limitar —he aquí el punto— su soberanía en ciertas áreas.

D.P.: Pasando a otro tema analizado en el Informe de Río, me parece que uno de los aspectos más importantes en la discusión del establecimiento de un nuevo orden económico internacional es el relacionado con los acuerdos mundiales de productos básicos. El desequilibrio que se ha estado generando entre la expansión de la producción industrial y la de las fuentes de abastecimiento de las materias primas es evidente. Quisiera someter a su consideración algunos elementos teóricos que podrían ser relevantes para el análisis de este importante tema. Algunos autores como H. Johnson se han opuesto a los acuerdos mundiales de productos básicos con base en el argumento de que éstos son de por sí restrictivos, además de que obstaculizan la delicada operación de las fuerzas de la oferta y la demanda, necesaria para lograr una asignación óptima de los recursos productivos a nivel mundial. Estos autores parecen olvidar que Sraffa desafió la teoría moderna del valor en 1925, cuando mostró en su célebre artículo que la armonía del conjunto era perturbada por la incompatibilidad entre la competencia perfecta y los rendimientos crecientes a escala. (20) Además de la observación de Sraffa, el problema de los mercados mundiales de productos básicos se complica —particularmente— en mercados como el del petróleo y el del café, por la imposibilidad de suponer la agregación independiente de las curvas de oferta y demanda, debido a que los agentes económicos están envueltos en una espiral de expectativas recíprocas de tal manera que, cuando los productores y los consumidores pueden coordinar sus acciones, la teoría tradicional se derrumba. Ahora bien, uno podría argumentar que las teorías de la competencia imperfecta desarrolladas por Joan Robinson y Chamberlin ofrecen una solución al problema, pero, en mi opinión, estos desarrollos teóricos ignoran la característica principal de los oligopolios bilaterales: que todo agente económico en esta situación entiende que algunas de las decisiones de su rival dependen de su propio comportamiento y que, por lo tanto, debe tener en cuenta este aspecto en su propia función de decisión. Los agentes económicos que están vinculados a los mercados mundiales de productos básicos saben que la competencia no consiste en un mar calmado en donde no hay batalla —como suponen los walrasianos— porque no hay nadie suficientemente fuerte para perturbar la paz. Por el contrario, la vida competitiva consiste en estar dando batallas permanentemente, situación que sólo surge en el caso del oligopolio, y que es muy importante porque la competencia perfecta no es el caso general en el comercio internacional sino la excepción. Por ello, las implicaciones lógicas que H. Johnson deriva de un marco conceptual construido bajo los supuestos de competencia perfecta y anticipación perfecta, no son aplicables en el caso de mercados como el del petróleo y el del café. Aún más, es posible argumentar que en el caso de un oligopolio bilateral se puede justificar un acuerdo que regule el mercado, aun al nivel teórico.

P.T.: Concuerdo con su planteamiento. No comparto, en lo más mínimo, la tesis del señor Johnson; más bien me acerco al enfoque de la UNCTAD. Ésta es una forma rápida de definir mi posición. Usted, además, probablemente tiene la razón cuando afirma que en la mayoría de los mercados no existe algo que se parezca a la competencia perfecta. Si se toman, por ejemplo, los mercados de los productos industriales es muy claro que los países desarrollados se están protegiendo de la competencia de los países en vía de desarrollo. Como usted sabe, en el Informe de Río criticamos esta protección. Podría resumir mi punto de vista sobre el particular en la siguiente forma. En principio hay dos tipos de bienes: unos cuyo mercado es relativamente estable y otros cuyo mercado es comparativamente inestable. Usted mencionó el mercado mundial del café, que obviamente es muy importante para su país, y es bien sabido que el tiempo de reacción de la oferta con relación al precio es tan largo que se generan una serie de oscilaciones bastante acentuadas. En realidad, se trata de un buen ejemplo de un tipo de mercado que debe ser regulado, y ello es igualmente cierto para la mayoría de los productos agrícolas, para las materias primas y aun para algunos productos industriales. De tal manera que la única forma de lograr un orden aceptable en estos mercados sujetos a fluctuaciones es introduciendo controles que los regulen. Este principio ha sido aceptado aun por el país que más quiere la competencia, los Estados Unidos. Sin embargo, existe una serie de casos en los cuales los mercados son relativamente estables; esto es, en donde las situaciones de desequilibrio pueden convertirse rápidamente en situaciones de equilibrio. Esto ocurre con gran número de productos industriales. En estos casos, los grandes pecadores son los Estados Unidos, Alemania, la Comunidad Económica Europea y, tal vez, Japón —que se están protegiendo de unas importaciones baratas que reflejan la ventaja comparativa de los países en vía de desarrollo. Esta situación es muy inequitativa, por lo cual creo que se debe presionar por todos los medios para que los países desarrollados abran sus mercados a los países en vía de desarrollo.

D.P.: Como sabemos, ha habido un movimiento en favor de los países en desarrollo en lo que se refiere a los términos de intercambio entre productos industriales y productos básicos. ¿No cree usted que el sector industrial va a contrarrestar esta tendencia aumentando sus propios precios a través de una inflación de costos inducida? En otros términos, ¿considera que quienes sostienen que existe un movimiento secular en contra de los precios de los productos básicos (Prebisch, Singer, Myint) tienen razón? (21-23) o encuentra convincentes a quienes sostienen lo contrario (W.A. Lewis, C. Clark, Keynes); (24-26) o cree usted, como Kindleberger, que el análisis teórico y las prueba empíricas disponibles no son suficientes para establecer una tendencia de largo plazo (27)?

P.T: Me inclino a aceptar el planteamiento de Kindleberger sobre el particular, pero quisiera sumarle un ingrediente. Deberíamos tratar de establecer un orden económico en el cual haya una mayor estabilidad, así sea difícil hacer una predicción de largo plazo. Tal vez el elemento más importante en todo este debate es algo no tratado todavía: determinar si una parte más sustantiva de las materias primas puede ser procesada en los países en vía de desarrollo. Esto se lograría a través de una reestructuración de la división internacional del trabajo, que implicaría establecer una serie de plantas de producción en los países en vía de desarrollo, y no a través del sistema de precios o de acuerdo sobre éstos. Por ello, personalmente buscaría plantear el debate en términos distintos para promover un cambio que se empezaría a lograr una vez que los países desarrollados eliminaran sus barreras arancelarias y no arancelarias, facilitando así el procesamiento de los productos básicos en un grado superior y posiblemente hasta llegar a hacerlo en su totalidad en los países en desarrollo. El cacao se convertiría en chocolate, el algodón en confecciones, etc., antes de ser exportados. Éste sería el camino para llegar a una distribución del ingreso menos inequitativa entre los países desarrollados y los subdesarrollados.

D.P.: Lo que usted acaba de decir es bien interesante. Quisiera comentarle que en mi país estamos tratando de desarrollar una serie de criterios para diseñar una estrategia en materia de exportaciones para los próximos años. Uno de los puntos centrales de la investigación es el de determinar hasta qué grado podemos basar nuestras recomendaciones en indicadores derivados de la teoría de las ventajas comparativas estáticas, como los cálculos generados por las tasas de protección efectivas y el criterio del costo en recursos domésticos por divisa generada o ahorrada, ya que es claro que surge una serie de conflictos entre las teorías del crecimiento y la teoría de la ventaja comparativa estática, si se incorporan en el análisis elementos tales como: economías de escala, economías externas y aprendizaje a través de la acción (*learning by doing*). Estos elementos no pueden dejarse a un lado en una economía como la que tiene Colombia. Es evidente que la respuesta obvia a estas complicaciones sería la de construir una tabla insumo-producto de carácter dinámico. Pero existen dudas sobre la factibilidad de hacer esto último, por la imposibilidad de predecir el cambio tecnológico. Me parece apropiado pensar en un aumento del valor agregado, pero no diría que se debería maximizar éste, por temor a la existencia de un importante conflicto entre el incremento al valor agregado y la eficiencia productiva a partir de cierto punto. En mi opinión, el nivel óptimo de valor agregado debería estar dado por una estructura arancelaria bien diseñada que se revisase periódicamente, a la luz del progreso tecnológico, el aprovechamiento de economías de escala y el aprendizaje.

Otro punto crucial que debe tenerse en cuenta es la coordinación de nuestra estrategia de exportaciones con los otros países en vía de desarrollo. Como usted sabe, muchos países están adoptando políticas de crecimiento hacia afuera y es evidente que, si las estrategias no son complementarias, podrían surgir problemas de superproducción con el efecto negativo de aumentar la tendencia hacia el proteccionismo en los países desarrollados. En el establecimiento de un nuevo orden económico internacional se le debería dar prioridad a este aspecto.

P.T.: Estoy de acuerdo con la mayor parte de las ideas que usted ha formulado. Tal vez podría agregar que hace poco tiempo me llegó un informe preparado por el llamado Club de Dakar, que ha estado trabajando sobre las estrategias de industrialización del África. Tengo en mente el tercer informe, que fue discutido en una sesión en la Costa de Marfil. Este grupo trató de identificar en detalle el tipo de industrias que África debería promover y desarrollar llevando a cabo el primer intento de esta naturaleza que he visto, con base en un estudio un poco más teórico, elaborado por mi amigo y previamente alumno B. Hermán, del Perú, quien había trabajado su disertación doctoral sobre este tema. (28) El Club de Dakar utilizó muchas fuentes —estudios franceses y de la OCDE, entre otros— y para identificar las industrias se aplicaron seis criterios que se aproximan a lo que usted ha denominado ventaja comparativa dinámica. También considero, como usted, que se debería tratar de ver qué tipo de cambios tecnológicos son factibles para estar en capacidad de recomendar modificaciones en la estructura de la producción de los países en vía de desarrollo.

D.P.: Es bien sabido que una de sus más importantes contribuciones a la economía ha sido en el campo de la teoría de la planeación económica. Quisiera presentarle algunas ideas derivadas de la experiencia de planeación en algunos países de América Latina. Varios de ellos se han vuelto un poco escépticos sobre el alcance de la planeación, debido al abismo que se ha presentado entre los planes y las realizaciones, que ha llevado a concluir que ésta no ha sido seguida o aplicada. Este fenómeno merece explicarse por cuanto el nivel técnico de muchos de los planes era relativamente alto. Casi todas las herramientas tradicionales han sido usadas: tablas insumo-producto, modelos Harrod-Domar, programación lineal, etc. Mi impresión personal es la de que se ha presentado un desfase considerable entre la formulación de los planes y la ejecución de los mismos. Pero podría haber algunas explicaciones: a) que la teoría de la planeación bajo condiciones de incertidumbre y de interdependencia entre los agentes económicos está en su infancia y que las variables exógenas y las no predecibles son muy numerosas; b) que el nivel de agregación de los modelos como el Harrod-Domar es demasiado grande; c) que muchas veces se ha descuidado la planeación y promoción de proyectos específicos.

El terna de la planeación es considerado como de alta prioridad en nuestra institución. Uno de los puntos centrales de la controversia continúa siendo la eficacia relativa de las fuerzas del mercado y de los instrumentos de la planeación para alcanzar los objetivos macroeconómicos. Creo que los trabajos del profesor Kantorovich en Rusia y el profesor Koopmans en Yale señalaron que su tesis de la convergencia de los sistemas económicos y del régimen óptimo podría tener validez. (29, 30).

P.T.: Independientemente de si la tesis sobre convergencia de los sistemas es correcta, se debería buscar una combinación de los dos sistemas. La experiencia soviética con la planeación ha mostrado que la burocracia se vuelve muy grande y sofisticada si se intenta planear todos los aspectos de la vida económica. También hemos visto cómo los países que únicamente recurren a la operación libre de las fuerzas del mercado enfrentan problemas serios. De tal manera que el único sistema que opera es el mixto, subsistiendo el problema de encontrar la combinación óptima. Su observación sobre el escepticismo del alcance de la planeación quisiera comentarla de la siguiente forma. Desde luego que el escepticismo existe. Y que una de sus principales causas ha sido la falta de disciplina de los gobiernos para poner en operación realmente los planes. Por lo tanto, se trata de un problema de eficiencia administrativa; por esta causa, no soy partidario de la invención de nuevas técnicas de planeación. Usted tiene razón, también, cuando señala que un plan para desarrollo debe indicar los aspectos macroeconómicos para luego considerar aspectos microeconómicos, complementando la estrategia con sentido común y con la "mano invisible". Todos estamos buscando este equilibrio óptimo. Si se estudia la experiencia de los países europeos es interesante observar que cada uno ha llegado a una combinación distinta y que posiblemente se puede identificar la combinación más exitosa. Claro que esta mezcla de planeación y "mano invisible" no necesariamente se puede trasplantar a la América Latina, dadas las considerables diferencias culturales. Por tanto, me parece que ustedes deben actuar de acuerdo con sus propias experiencias y tratar de corregir errores hechos en el pasado. Aprender uno de sus propios errores y de los errores de los demás es la mejor estrategia que se puede recomendar.

D.P.: El tema que estamos discutiendo está conectado con su trabajo relacionado con la teoría de la política económica. (32) Su célebre teorema que establece que, para alcanzar objetivos macroeconómicos se requieren por lo menos instrumentos de política económica distintos, ha tenido mucha influencia en países tanto desarrollados como subdesarrollados. De la misma manera, su formulación del problema de objetivos múltiples fue interesante porque mostró que la solución dependía de la coordinación simultánea de una serie de instrumentos. Sin embargo, muchos gobiernos no han sido capaces de alcanzar simultáneamente sus objetivos macroeconómicos por la existencia de importantes conflictos entre los objetivos mismos; entre la tasa de inflación y la tasa de crecimiento, entre la tasa de crecimiento y la distribución del ingreso, entre pleno empleo y las políticas de estabilización, etc. Más aún, algunos de los instrumentos seleccionados no han sido los apropiados, por interferir entre sí muchas veces, de tal forma que generan una serie de efectos perturbadores del equilibrio buscado. En resumen, muchos países han aplicado su teorema sobre la igualdad de objetivos e instrumentos, pero pocos han logrado llegar a los objetivos propuestos. ¿Podría ser del caso reconocer los conflictos entre los objetivos e interferencia entre los instrumentos, y postular, por lo tanto, otro teorema?

P.T.: El análisis que usted presenta indica que seguramente es más adecuado tener un mayor número de instrumentos que de objetivos, por la mayor amplitud que existiría para maniobrar. En los países desarrollados el ejemplo más reciente de este problema es, obviamente, el conflicto que existe entre la tasa de inflación y la tasa de desempleo; doy mayor importancia personalmente a la generación de empleo, aun si esto significa un incremento razonable en la tasa de inflación, pero, simultáneamente, se debe fortalecer la capacidad de luchar contra la inflación, y para lograrlo hay que convencer a la opinión pública de que la inflación es desventajosa para la mayoría de la población y de que, por tanto, el grado de respaldo para luchar en contra de ella tiene que ser mayor. En los países en vía de desarrollo el grupo más pobre de la población son los desempleados, lo que lleva a dar máxima prioridad a la generación de empleo. Esto nos trae de nuevo al problema del fomento a la utilización de técnicas intensivas de mano de obra. Igualmente, es necesario promover la cooperación de los países europeos con los países débiles; Alemania, por ejemplo, debería seguir una política distinta en este sentido. Al mismo tiempo, estaría de acuerdo con una declaración reciente del señor Arthur Burns (presidente de la Junta de Directores del Federal Reserve Board de los Estados Unidos), con quien normalmente no estoy de acuerdo, en la cual afirmó la necesidad de que todos los países sigan unas mismas reglas del juego en relación con el manejo de sus balanzas de pagos: los países con superávit deberían revaluar y los países con déficit deberían controlar más activamente el ritmo de crecimiento de los salarios. Esto requeriría, naturalmente, mucha intuición para lograr unas relaciones más adecuadas con los sindicatos y, al mismo tiempo, para ofrecer a los trabajadores disciplinados una compensación. En el caso concreto de mi país, se debería mirar la escala de los ingresos más elevados, pues en algunos casos son demasiado altos, e incluir en las negociaciones colectivas acuerdos sobre los salarios más altos. Eso es lo que pienso.

D.P.: Pasemos a otro tema. Una de sus importantes contribuciones a la econometría fueron sus estudios sobre la aplicabilidad de las teorías del ciclo económico. Quisiera conectar el tema de los ciclos con el de las fluctuaciones de los mercados mundiales de productos básicos que tratamos anteriormente. Como usted sabe, algunos autores como McBean (33) han sugerido que la idea de una mayor importancia del sector externo en los países en vía de desarrollo, en contraste con la que tiene en los países desarrollados, es un mito. Tomando como base una serie de cálculos realizados por Coppock, se ha afirmado que el promedio no ponderado para la proporción entre el comercio y el ingreso, en una muestra grande de países en desarrollo, es menor que la proporción correspondiente de los países desarrollados. Estos estudios dan, a primera vista, la impresión de que no hay una relación clara entre las oscilaciones cíclicas del precio de los productos básicos en los mercados internacionales y el nivel de actividad económica interno de los países productores de materias primas. Estoy comenzando un ejercicio para mostrar, en el caso de la economía colombiana, que los ciclos económicos observados en los últimos cien años se relacionan estrechamente con los registrados en el mercado mundial del café. Tengo en mente dos estudios realizados por colegas colombianos, en los cuales se ha logrado identificar en forma detallada ciclos a corto, mediano y largo plazo mediante la utilización de técnicas estadísticas como el análisis espectral. (34) Se ha mostrado que cada ciclo se genera por fuerzas diferentes: las condiciones técnicas de la producción, la producción de los mercados de futuros y las variables meteorológicas y políticas del caso, por ejemplo. Estamos en el proceso de recolectar la información relevante para comparar esos ciclos con los ciclos económicos del país. Por intuición sostengo, entonces, que en el caso colombiano la tesis de McBean no va a tener validez.

P.T.: También me inclino a poner en duda la idea del señor McBean. Los resultados de los estudios que usted menciona son interesantes y sus conclusiones plausibles. Hay varios ejemplos en los países industriales de los cuales se obtienen causas distintas para un movimiento cíclico de unos siete u ocho años de duración; también tenemos la llamada "ola" (*wave*) norteamericana de una duración de tres a cuatro años. Esta última tendría que ver mas con los mercados agrícolas aun cuando nunca se hubiere expresado en esta forma. Los estudios de Ragnar Frisch son también de interés en el contexto del análisis de los movimientos periódicos de las variables económicas. Me parece que estas investigaciones deben ser estimuladas y que evidentemente sería importante suavizar los ciclos, una vez que se logren establecer con mayor precisión sus causas. El desarrollo debería ser más estable y menos irregular de lo que fue en el pasado.

D.P.: Ahora que usted menciona los ciclos de los países industrializados recuerdo que Schumpeter creía en el llamado ciclo Kondratieff, cuyas grandes oscilaciones aparentemente correspondían a innovaciones tecnológicas. De otro lado, el ciclo identificado por Kuznets (de 10 a 20 años de duración), y asociado con la actividad de la construcción, parece respaldado por la prueba del mundo real. ¿Cree usted en la base empírica y teórica de estas hipótesis sobre largas fluctuaciones en el nivel de actividad económica?

P.T.: Se han observado algunos ciclos, pero no estoy convencido de la explicación del Kondratieff. Algunas personas, como el economista sueco Cassel, pensaron que éste se relacionaba principalmente con el descubrimiento de minas de oro; otros creen que su explicación se encuentra, más bien, en el ciclo de vida del equipo pesado. Aunque el Kondratieff podría ser un ciclo, también podría tratarse de una sucesión de coincidencias. Sí creo que hay un conjunto de elementos que producen los ciclos y que, por lo tanto, la investigación en esta área es más que justificada. Este análisis debería perseguir tanto la identificación de las causas de los movimientos cíclicos como el planteamiento de medidas correctivas para disminuirlos o amortiguarlos.

D.P.: Algunos académicos han señalado que el concepto tradicional del ciclo económico es obsoleto; supongo que esta idea surge de la observación de un crecimiento continuo y autosostenido en Europa Occidental y Japón, con excepción de los últimos años, obviamente. ¿Sería usted de la opinión de que el modelo tradicional construido sobre la base de la interacción entre el multiplicador y el acelerador

(Hicks, Samuelson, Kaldor, etc.) es adecuado todavía por poseer una capacidad explicativa razonable?

P.T.: Sigue siendo útil, pero en grado menor que en años anteriores. Hemos aprendido mucho, particularmente durante la Gran Depresión, sobre la forma de suprimir los efectos negativos de algunas de las fuerzas de operación. Ahora, sin embargo, nos enfrentamos a nuevos problemas, por lo que debemos estar abiertos mentalmente para captar nuevas relaciones y recomendar nuevas políticas. Ya mencioné que el conflicto que venimos observando entre la tasa de inflación y la tasa de desempleo es un elemento que no existía en el pasado. Este es un buen ejemplo para señalar la necesidad de revisar nuestros modelos; en realidad estamos en pleno debate, no creo que hayamos encontrado una solución, pero insisto en dar mucha importancia al objetivo de generar empleo.

D.P.: El tema de un alto nivel de empleo tiene que ver, obviamente, con el problema de la distribución del ingreso. Quisiera comentar ciertos aspectos de su reciente libro sobre la materia (35). Si entendí bien su planteamiento, usted ha integrado el enfoque de la escuela que da prioridad al capital humano con el que pone su énfasis en la demanda de trabajo a distintos niveles de educación. Una de sus principales conclusiones es la de que las tasas de crecimiento de la educación y de las innovaciones tecnológicas son críticas para entender las fuerzas que generan la estructura de distribución de ingresos en países occidentales. Este es un punto interesante, pero no es claro que sea posible hacer el análisis dejando por fuera variables como el grado de monopolio (en el sentido de J. Robinson) o el poder de negociación de distintos grupos, o la estructura del sistema impositivo y del gasto público, o la importancia relativa de elementos aleatorios que surgen cuando los agentes económicos actúan en un ambiente incierto e interdependiente.

P.T.: En realidad el libro ha sido objeto de reacciones bastante críticas lo cual me ha encantado, pues éste es el sistema para impulsar el progreso de una disciplina científica. Las teorías deben analizarse críticamente para encontrar sus debilidades y mejorarlas. Es posible que yo haya hecho demasiado énfasis en los factores derivados de la operación de las fuerzas de mercado, y estoy dispuesto a aceptar que la distribución del ingreso está parcialmente determinada por lo que yo llamaría la voluntad política, o sea por instituciones como la seguridad social y otras similares. Pero una buena parte del proceso está relacionado, en realidad, con fuerzas del mercado. Una posible solución que percibo para hacer más eficaz el sistema es la de aumentar la competencia en actividades que generan salarios o ganancias demasiado altas, por gozar de cierto grado de monopolio. Para alcanzar este resultado se requeriría extender la educación y la capacitación de las personas que manejan empresas. Un dato interesante es el que contiene la revista *Fortune*, de mayo del año pasado, de que los altos empresarios de las 500 empresas más grandes de los Estados Unidos tuvieron en 1975 un ingreso menor en 30 por ciento al de 1952; así, parece factible mejorar la distribución del ingreso aumentando la competencia por esos puestos tan bien pagados.

Por otro lado, las variables que usted menciona, relacionadas con el poder de negociación de distintos grupos, no se incluyeron explícitamente en mi análisis. Acabo de recibir una reseña crítica de mí libro que señala el mismo aspecto. Se podría desarrollar un marco conceptual que tuviera en cuenta el poder de los sindicatos y al mismo tiempo las fuerzas del mercado; la acción de los primeros se reflejaría en el acuerdo colectivo de que hablamos anteriormente y la de las segundas a través de una expansión de las escuelas de administración.

D.P.: Para concluir este breve análisis sobre la distribución del ingreso quisiera hacer referencia a un punto que surgió en una conversación con el profesor Hicks. Él considera que la distribución internacional del ingreso es muy difícil de modificar, por cuanto los países industriales resistirían con todos los recursos a su disposición cualquier disminución importante en su nivel de vida. ¿Es usted más optimista sobre el particular?

P.T.: No se trata de ser optimista o pesimista sino de encontrar los medios adecuados para cambiar las cosas en la dirección que se desea. En el Informe de Río recomendamos la formación de coaliciones, un concepto de la teoría de juegos que seguramente usted encuentra de interés. Señalamos que los consumidores organizados de los países occidentales deberían cooperar más con la UNCTAD y buscar así la reducción de las barreras arancelarias, un ejemplo que muestra que los consumidores no han sido conscientes de las posibilidades que tienen de luchar por sus propios intereses. Una segunda coalición podría resultar entre los campesinos de los países occidentales y los gobiernos de los países en desarrollo. Tome por ejemplo la política agrícola de los Estados Unidos en los años cincuenta y sesenta. El gobierno pagó a quienes no utilizaron toda su tierra, con el propósito de mantener el ingreso de cultivadores y agricultores. El Informe Linnemann, por otra parte, ha mostrado la necesidad de encontrar unos precios más estables y remunerativos para los granos, como requisito para aumentar la producción de alimentos en países en vía de desarrollo. En este caso se podrían movilizar las organizaciones internacionales, las agrícolas —especialmente—, con objeto de ejecutar las decisiones que fueron acordadas en la Conferencia Mundial de Alimentos de 1974.

D.P.: Para finalizar este interesante diálogo me gustaría comentar brevemente el tema de la aplicabilidad de la teoría económica a los países en vía de desarrollo. Como usted sabe, académicos de la categoría del profesor Myrdal han afirmado que la teoría económica fue elaborada teniendo los países desarrollados en mente y que, por lo tanto, no es lo suficientemente útil para aclarar los problemas típicos de los países en vía de desarrollo. (36) ¿Será válido este argumento?

P.T.: Habría que especificar las partes de la teoría que deben cambiarse. En cierta forma, mi insistencia en la búsqueda de tecnologías más apropiadas a la disponibilidad de los factores de producción en los países en vía de desarrollo es uno de los mejores ejemplos para señalar la necesidad de modificar nuestros puntos de vista. Porque si hay algún campo en el cual casi todo se ha hecho en beneficio de los países desarrollados, es el de la investigación tecnológica. Hay que estimular los programas de generación de empleo en los países en vía de desarrollo. Estaría de acuerdo, entonces, con Myrdal, en cierto sentido, aunque pienso que se debería hacer un esfuerzo para detallar los cambios que deben hacerse a la teoría tradicional. Myrdal avanzó en su libro sobre el Asia en esta dirección; con todo, el tema requiere más análisis y elaboración. No hay que olvidar, además, que tenemos un grupo creciente de economistas del Tercer Mundo que han organizado su propia institución y que persiguen el objetivo de investigación auto suficiente (*self-reliant research*). Estoy de acuerdo con esta línea de pensamiento.

D.P.: En otras palabras, ¿considera que la investigación teórica sobre problemas tales como el redesplazamiento de técnicas (*reswitching*), los caminos de portazgo (*Turnpikes*), las edades de oro y los elegantes teoremas de la teoría del crecimiento, se deberían relegar a una posición secundaria, mientras otros problemas como la selección de tecnologías, por ejemplo, deberían tener prioridad?

P.T.: Esto es, tal vez, irse a un extremo. No descartaría tan fácilmente las áreas que usted menciona; debemos ser cuidadosos en la selección de problemas, cosa que podrían hacer mejor los economistas de los países en desarrollo, ya que ellos son quienes conocen esas realidades más precisamente que los economistas extranjeros. Pero, al mismo tiempo, hay que mirar la experiencia de los países desarrollados para aprender de los varios errores que indudablemente se cometieron en el pasado y que se continúan cometiendo.

BIBLIOGRAFÍA

1. J.M. Keynes, *Obras Completas*, Royal Economic Society, vol, XIV, pp, 285-320, 1973. Correspondencia entre Keynes y Tinbergen y entre Keynes y Harrod.
2. J. Tinbergen, *An Econometric Approach to Business Cycles Problems*, París, 1937.
3. P.A. Samuelson, "Economic Theory and Mathematics", A.E.R., mayo de 1952.
4. D. Pizano, "Un diálogo con el profesor P.A. Samuelson", en este mismo libro.
5. La prueba de Godel, las matemáticas de Hilbert, etc.
6. J. Tinbergen, *Ensayos de teoría económica*, Tecnos, Madrid, 1965, pp. 327-360.
7. K. Arrow, *Social Choice and Individual Values*, Yale, 1963.
8. F. von Hayek, *Philosophy, Politics and Economics*, Londres, 1965.
9. K. Lorenz, *On Aggression*, Londres, 1966; *Evolulion and Modification of Behaviour*, Chicago, 1965; *Studies in Animal and Human Behavior*, Londres, 1970; *Civilized Man's Eigth Deadly Sins*, Londres, 1974.
10. N. Tinbergen, *The Study of Instinct*, 1969; *Social Behavior in Animals*, Londres, 1965.
11. K. Lorenz, *Behind the Mirror*, Londres, 1977.
12. Para una reseña del libro de Beckermann, véase D. Pizano, Coyuntura Económica, Bogotá, octubre de 1975.
13. H. Kahn. *The Next 200 Years*, Londres, 1977.
14. Linnemann's Report, Holland.
15. J. Berger, *Nuclear Power, The Unviable Option*, 1976.
16. J. Tinbergen, *Development Planning*, Londres, l967, *Pour une terre vivable*, Bruselas, 1976.
17. *RIO -Reshaping the International Order*, informe al Club de Roma coordinado por Jan Tinbergen, Nueva York, 1976.
18. B. Russell, *Has Man a Future?*, Londres, 1961.
19. Carrera de armamentos, población, alimentación, asentamientos humanos, medio ambiente, sistema monetario internacional, recursos naturales y energía, ciencia y tecnoloqía, océanos, espacio sideral.
20. P. Sraffa, "The law of returns under competitive conditions", *Economic Journal*, 1926.
21. R. Prebisch, *The Economic Development of Latin America and Its Principal Problems*, ONU, 1950.
22. H.Singer, "The Distribution of Gains between Investing and Borrowing Countries", A.E.R., mayo de 1950.
23. H. Myint, "The Gains from International Trade and the Backward Countries", R.E.S., 1954.
24. W.A. Lewis, *World Production, Prices and Trade 1870-1950*, The Manchester School, 1952.
25. C. Clark, *The Conditions of Economic Progress*, Londres, 1957.
26. J.M. Keynes, "Reply to Sir William Beveridge", E., diciembre de 1923.
27. C. Kindleberger, *The Terms of Trade*. NuevaYork, 1950.
28. B. Hermán, *The Optimal International Division of Labour*, OIT, Ginebra, 1975.
29. L. Kantorovich, *The Best Use of Economic Resources*, Moscú, 1958.
30. Koopmans, *Activity Analysis of Production and Allocation*, Yale, 1962.
31. J. Tinbergen, "La teoría del régimen óptimo", Ensayos Madrid, 1965.
32. J. Tinbergen, *The Theory of Economic Policy*, Amsterdam, .1952.
33. McBean, *Export Instability and Economic Development*, Allen and Unwin, 1966.
34. R. Serna, "The Dynamics of the World's Coffee Market", tesis doctoral no publicada, 1976. Fedesarrollo, Economía Cafetera Colombiana, Bogotá, 1977..
35. J. Tinbergen, *Income Distribution*. Amsterdam, 1975.
36. G. Myrdal, *Economic Tbeory and Underdeveloped Regions*, Londres, 1963.

www.ingramcontent.com/pod-product-compliance
Lightning Source LLC
Chambersburg PA
CBHW031601110426
42742CB00036B/579